保育随想 2

幼稚園はボクらの仕事場

はじめに

「遊びに使ってるんじゃないよ！」

力強い声が聞こえてきました。デッキで〝縄ない〟をしていて、もうそろそろおしまいにしてもいいかなと思っていたとき、年長組の男の子四～五人の集団のなかの誰かが言ったのです。

この少し前、デッキの板の端が〝ボキッ！〟と音がして折れてしまいました。そこは板が傷んでしまっていて、今にも折れそうなのを年中の『たんぽぽ組』の子どもたちが以前から何とかしようと、いくつかの木片を置いて支えにしていたのですが、とうとう折れてしまったのです。

〝縄ない〟を終えた子たちがその木片を積み直していましたが、高さが足りず、折れた部分に〝段差〟ができてしまいました。すると、それを直そうとして、クラスにある〝木箱〟にきちんと収まったセットの小さな木片がこの段差をうめるのに「厚さがちょうどよい」と気づいたのでしょう。箱ごと持ってきたところを、その訳がわからない友だちに、「(それはセットだから)いけないんだよ」と言われたのだと思います。それでこう言い返したのでしょう。

この段差をうめるには「あれがいい」とよく気づいたと思いました。本当に！　事実、この木片をいくつか重ねるとピッタリでした。

しばらくして、どうなっているかなーと、みんながいなくなってから見に行くと、この木片は片づけられていました。やはり、「これは使ってはいけない」と思ったのでしょう。

その翌日……。

子どもたちがやってくる前の朝の連絡会のとき、

「デッキを最後に折ってしまったのは年長だけど、はじめに折れかかったものを何とかしようとしていたのは年中のたんぽぽ組だから、たんぽぽ組にも伝えたほうがいい」

と、担任のサエ先生に話すと、やはり朝から何人もの〝年中〟の子が年長組にまじって頭を突き合わせていました。

そのリーダー格は年長組の子でした。

職員室入口のバケツの中にあった木片が上手に使われていて、段差の問題は解決ずみでした。次の問題は、「折れた木片をどう留めるか」ということのようでした。

クギを使いたかったようですが、「これは木工遊びではないし、ここには使えない。ここに釘が打てるのは大人だけ……」と思ってか、ためらっていた様子だったので、わたしが「クギ使っていいよ」と言うと、道具置き場へ数人がついてきて、

「二本！」

というのです。

「もっと必要じゃないの？」と言うと、

「二本でいい！」……。

折れた板にクギ一本では板が回ってしまうが、二本なら回らないので「二本」という言葉が出たようです。木工遊びの経験からの年長児としての精いっぱいの考えだと思いました。

しかし、子どもたちが持っていったクギの長さは、このデッキの板の厚さに比べると半分です。するとリーダー格のSくん、

「一本打ってから、上からもう一本打てばいい」……。

と言うと、みんな「そうだそうだ！」……。

Sくんの考えは、一本目のクギがすっかり打ちこまれたら、その上からもう一本クギを打てばいい、ということのようです。高度な技術です。

一本は打てたが、その上からもう一本はむずかしいとわかると、今度は『たんぽぽ組』の子たちが「ノリがいい！」、「セロテープがいい！」とか言いだし、それぞれの場所へと走って行ったのです。年長組のお兄さんの考えがダメだとわかると、「やっぱりノリだよ！」「やっぱりセロテープだよ！」と、彼らの顔は誇らしげに紅潮しているように見えました。

この続きは、最終的には工務店の渋谷さんにお願いする予定です。まだ子どもたちには話していませんが……。

子どもたちは知恵を出し合って、協力して、とりあえずほかの板と同じ高さにできたようです。ガタガタしますが……。「小さい子がケガをしないようにしよう」などと気も遣いながら……。つぎはどのような展開になるのでしょうか。それともこれで完成でしょうか?

冒頭の「遊びに使ってるんじゃないよ」ということば……。「自分は遊んでいるんじゃない、本気なんだ。仕事してるんだ！」と、自分の気持ちをハッキリ言っているのだと、わたしは受け取りました。

たしかに子どもたちのしていることは、幼くも拙なくも見えますし、遊んでいるようにも見えます。でも〝遊び〟の領域を越えて、精いっぱい生きている時があります。

井口佳子

幼稚園はボクらの仕事場　目次

本文イラスト　井口佳子

幼稚園はボクらの仕事場

中瀬幼稚園地図

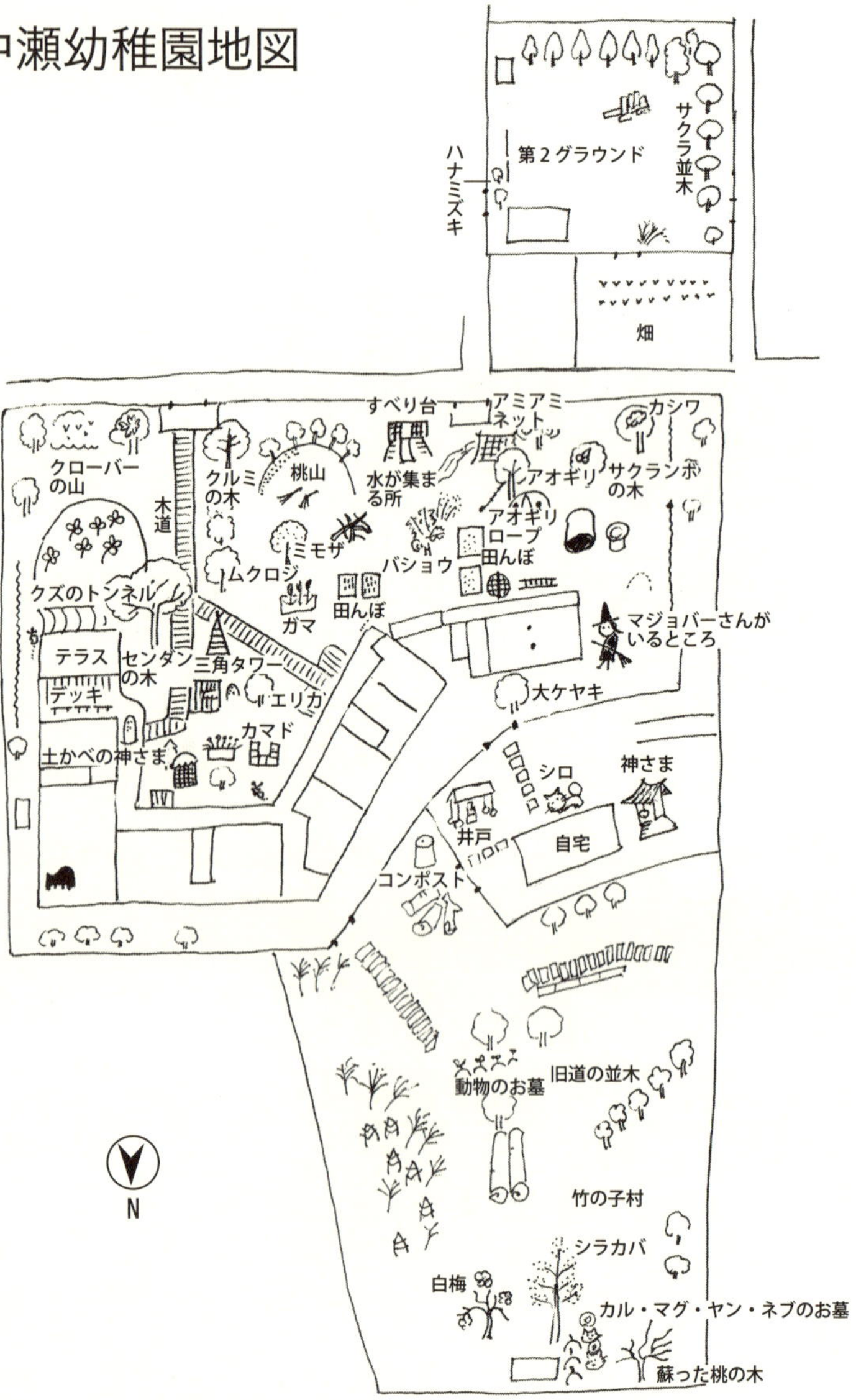
第2グラウンド
サクラ並木
ハナミミズキ
畑
すべり台
アミアミネット
カシワ
クローバーの山
クルミの木
桃山
水が集まる所
アオギリ
サクランボの木
木道
アオギリロープ
田んぼ
ミモザ
ムクロジ
バショウ
クズのトンネル
ガマ
田んぼ
マジョバーさんがいるところ
テラス
センダンの木
三角タワー
デッキ
エリカ
大ケヤキ
カマド
土かべの神さま
シロ
神さま
井戸
自宅
コンポスト
旧道の並木
動物のお墓
竹の子村
シラカバ
白梅
カル・マグ・ヤン・ネブのお墓
蘇った桃の木
N

先生、おかあさんいるの？

二〇年近く前、わたしが三歳児を担任していた秋のことです。わたしにとって忘れられない出来事のなかに、Mちゃんの〝ひと言〟があります。

「先生が子どもだってこと、あたしちゃんと知ってるんだから……。だっておかあさんがいるんでしょ！」

子どもの〝ことば〟のおもしろさへの関心は、このMちゃんのひと言から始まったように思います。

先日、年長組の子ども数人と話していたときのことです。

「ヨシコ先生、おかあさんいるの？」

「いるわよ」

「赤ちゃん産んだことある？」

「二人ね」

「へーえ、だったらその赤ちゃん見せてよ」

「もうその赤ちゃんはね、大きくなって、ヨシコ先生よりもこーんなに大きくなっちゃったのよ」

「えっ⁉」……。

時の経過で、赤ちゃんだった子が親よりも〝大きくなった〟ということが、理解できないようでした。

「ヨシコ先生はね、おかあさんなのよ」

「それじゃ、ヨシコ先生のおかあさんっていうのは、〝おかあさん〟じゃないじゃない！」

「ヨシコ先生のおばあちゃんじゃない！」

「Aちゃんは、はじめのお話のこと言ってるのね」……。

自分を中心に考えるので、「おかあさんのおかあさん」は、あり得ないようです。

また家では、お母さんのお母さんは「おばあちゃん」と呼ばれているからでしょう。

やがて年齢が進むにつれて理解できるようになるのですが、説明してもわからず、「堂々めぐり」になってしまう話題がときどきあります。

また幼児の絵の場合、とくに〝人間〟を描くとき、はじめは円の中にバラバラに目や口や鼻がおかしな場所に描かれています。やがて教えられなくても円の中に目も口も鼻もあるべき場所に描かれ、顔から直接二本の足が出ていた絵に胴ができてきて、天地が描かれていく。その過程にもどこか共通するようにも思います。

お子さんの〝ことば〟に気をつけて耳を傾けてみてください。今しか聞こえてこないお話、たくさん聞こえてくるはずです。

ニワトリの受難

新学期の園庭……。プランターを動かすと、まだ冬眠中のハサミ虫があわてて逃げまどい、丸くなっていたダンゴ虫がモゾモゾと足を動かしはじめます。小さなナメクジが〝ノッソノッソ〟とはい出し、よく見るとちゃんと小さな目が二つあります。

キアゲハを見つけ、

「線がついたチョウチョウだー」

と言って追いかける子どもたち……。

チューリップなどもうすっかり花びらが風に飛び散ってしまいました。

子どもたちにとって、ニワトリは大の人気者です。子どもたちが近づくと、エサをくれるのではないかとガツガツと寄ってくるし、エサの葉っぱを持っていくと、とても元気につついてくれます。

人気者であるがゆえに、新学期のニワトリは受難のときです。水飲みのナベの中にまで山のようにハコベの葉っぱが盛られ、追いかけられてしっぽの羽をつかまれ、水をかけられ……。小屋の戸を開けるとエサを求めて飛び出すというよりも、難を逃れるかのようにエリカの茂みの中へ走って行きます。

先日はウサギが新入の子どもに水をかけられていましたが、年長の当番の子どもが、

「あーあ、かわいそう」

と、タオルでからだを一生懸命に拭いてやっていました。

生きている〝本もの〟はこちらの働きかけでいろいろに反応するので子どもたちの心を動かします。そして子どもたちは、本ものとそうでないものをよく知っています。

新学期、泣いている子、まだ〝こころ〟が不安定な子がどれだけニワトリやネコの〝カル〟に助けられ、また園庭の小さな虫や草花に助けられ、園に慣れていったことでしょう。

子どもたちには〝本もの〟がいいです。新学期はとくに……。

おとし水

子どもたち、とくに男の子たちは〝水を流す〟ことが本当に好きです。昔から用水路などの水道工事は男の人の手によっていたのですから、この年齢の子にもこのような傾向があって当然かもしれません。

この日も年長組の数名の子が、蛇口のところからトイを斜めにつなぎ合わせ、その上に小さな筒をいくつも横に並べていました。蛇口のところから流れた水は、そのいくつも並べられた筒の中を通り砂場へと流れていきます。また、その中に砂や石や木の葉も流し、うまく流れていくかのぞき込んでいる子もいました。ただ砂場に水が流れればよいのではなく、「いかにおもしろく流すか」が、彼らにとって大切な〝課題〟のようです。

それにしても、ホースを押さえる子、トイのつなぎ目がずれないように気を配る子、トイから落ちた水が下のトイまでうまく落ちるかつねに見張っている子、流れていく水の先を掘り進める子、島をつくる子……。

年長児のこの時期になると、たくさんの人数でも共通の目的を頭に描いて、それぞれの〝役目〟を果たしながら〝遊び〟を展開させられることを、あらためて知らされました。

子どもたちは砂場にたまった水の深さを、素足になって確かめていました。水の〝深さ〟を確かめると、水の〝温度〟もいっしょにわかります。

「浅いほうが暖かく、深いほうが冷たい」

「流れてきたばかりの水は冷たく、よどんでいるところは暖かい」

「太陽に当たっているほうが日陰よりも暖かい」……。

こうした〝事実〟に気づいていました。

「ここ、おとし水ね」……？

「おとし穴」なら聞いたことありますが、「おとし水」とは初耳です。何かと思ったら「深く掘って水をためた穴」のことでした。なるほど「おとし水」……。

いまブランコの上のハクモクレン（白木蓮）の実（？）がパラパラ落ちています。

子どもたちはそれをひろい集めては、

「キュウリみたい」

「パイナップルみたい」

「アスパラみたい」

「トウモロコシみたい」……。

見方はそれぞれの子によって違いますが、ブツブツの節を折ってみると、匂いはどの子も「ミカン」だと言います。

子どもたちは、ものを手にし、肌に感じながら〝五感〟を育てていくのだと思います。

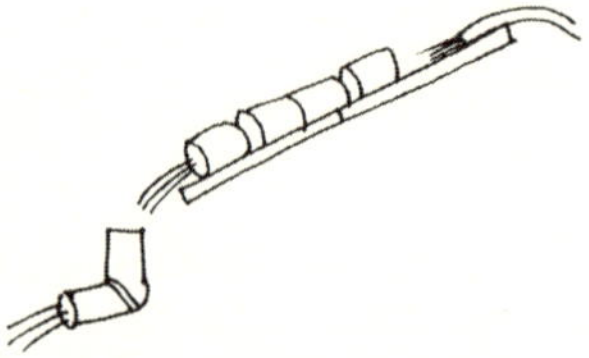

ぬくもり

前から欲しい欲しいと思っていた〝大きな木〟がやっと手に入りました。自然のままのもので子どもたちが遊べたら、どんなによいかと思います。この木が手に入る数日前、みんなで運んで砂場の近くに置いた木が、なんだか赤ちゃんのように小さく見えてしまいました。

一〇月の末、いつも大きなケヤキ（欅）などの手入れでお世話になっている飯田林業の飯田照夫さんがとつぜん園に来て、

「太い木があるんだけれど、どうする？　直径が一・二から一・三メートルあるんだけど……」

と、近くの仕事場から駆けつけてくれました。

その方々が作ってくださった竹の子村のアスレチック風の木は、すでに朽ちてしまいましたので、「切り株とか、大きな木が欲しい」と口癖のように言っていたわたしの言葉を覚えていてくださったのでしょう。

木を切り倒したところからトラックに積んで、園に運ぶまで半日かかり、いくつかに切ってクレーン車を使って、やっとのことでちょうどよい場所に置き終わったのが夕方の六時ちかくでした。

翌朝、子どもたちがこの木を見て「どんな顔をするかな?」「どんな風にして遊ぶかな?」と、ワクワクして待ってました。

しかし、その日はあいにくの雨で、それでも傘をさしたまま木のほうへ走っていく子や、お母さんも一緒に木のところまで行って、年輪のことなどお子さんと話しているようでした。このような光景を見るとうれしくなります。

わたしは、子どもたちがこの木に〝登って遊ぶ〟ことばかり想像していたのですが、子どもたちはこの木で「想像していなかった遊び」をしてくれました。それは、木と木の間に細長い木を渡して少しグラグラするところを渡ったり、太い木にハシゴをかけて登ったり、切り株が井戸に見えたのでしょうか、ポンプのような枝を切り株に乗せてガチャガチャやったり……。まだまだこの木を通してイメージはふくらみ、遊びは広がっていくでしょう。

男の子たちは、砂場の南側の木のてっぺんによじ登ることが好きです。規則正しく安全に足場がついているところを登ることも必要ですが、〝木登り〟のように足をかけるところを探りながら、安全かどうか確かめながら登ることも必要です。

運ばれた木は一〇〇年と少し経ったムク（椋）という木です。自然のままですから、やがて朽ちて虫が棲《す》み、最後には土に還《かえ》っていくことでしょう。それまで、その〝ぬくもり〟を子どもたちに与えながら、遊ばせてくださいね。

もっと掘れ！　水がたまるぞー

子どもたちが水たまりや水の流れが好きなのは、人間の遠い祖先が水の中で暮らしていたからでしょうか？　生命は海の中で生まれたこと、母親の体内では羊水に守られていたこと、文明の発祥の地も大きな河のそばであったことを思うと、子どもたちが〝水〟を好きなのも「人間の本能なのだ」とうなずけます。

水は子どもたちにとって、とても親しいものであり、砂や土とともに応答的な素材として遊びを引き出す〝原点〟だと思います。

子どもたちは本当に〝水〟が好きです。とくに三歳児は水さえあればいいといった風で、「毎日毎日、まあよく飽きないな」と思ってしまうほどです。

おもに三歳児がやっているのは、容器から容器への「水の移しかえ」です。小さな口から小さな口へ、上手にこぼさず移し入れる子はまだわずか。一生懸命入れているのですが、手先がまだおぼつかなく、外にこぼれてしまう子のほうが多いようです。

この〝遊び〟をしているときの子どもたちの顔は、じつに真剣です。すべての神経を手先だけに集中させ、みな無言で、周囲のものは彼らの視野には入っていないようです。とても単純な遊びですが、少し先に目的を持って遊べるようになったとき、この行為が意味を持ってくると思いますし、この遊びのなかで育つものは大きいと思います。

またペットボトルの小さな穴から水が〝ピュー〟と出ると、そこに小さな容器を当ててその水を集める子。マヨネーズの容器いっぱいに水を入れ、手でピュッと押すと水が遠くへ飛ぶことを発見した子。容器に水を入れては自分のからだにかけたり、友だちにかけて〝キャーキャー〟とおもしろがる子。ビニール袋に水を入れて、頭に乗せて「気持ちいいよー！」という子……。

園庭に水の流れができたり、水たまりができると、必ず誰かが近づいて行き、そこに二人、三人と仲間が集まってさまざまな遊びがはじまります。

一一月も末のある日、年長組の男の子が一〇人近く、保育室のほうから流れてきた水のところに集まっていました。この水をずっと向こうまで流して、植え込みのまわりを一周させるのだそうです。

容器に水をくんできて、この流れの水量を増やす子。流れが細い所ではトイを置いて、トイの中を水が通るように手で水をかき入れる子。トイの中に水がたまると、トイに傾斜をつけて水がザッと流れるようにしている子。

また途中で流れがほかの方向に行かないよう板でせき止め、そこをさらに深く掘って、

「もっと掘れー！　水がたまるぞー！」

と叫ぶ子。水が流れず、よどんでいるところでは割りばしを浮かべ、割りばしが少し流れた方向を指して、

「おっ！　こっちのほうへ流れてる」

とかすかな流れの方向を発見した子……。

植え込みのまわりを一周させるには、低いほうから高いほうへと水を流さねばならないところも出てきて大変です。〝逆流〟をふせぐには「深く掘る」ことだそうです。

年長児もこの頃になると、ひとつの目的に向かってそれぞれの持ち場で目的達成の

ためにおもしろさを感じながら「これだけできるのだ」と、その姿を見ていてうれしく思いました。

それと同時に、年中組や年少組のときに、砂場でただトイに水を流したこと、深い穴を掘って水をためたこと、水の移しかえや、ただ容器に水をつめたこと、水の流れに棒や木の葉を浮かべ、流れていく様子をじっと見つめたこと……。

そのような、一見単純に見える遊びを十分に経験したことが、ひとつのはっきりした目的をもった遊びに向かうとき、さらに「意味を持ち、生きてくる」ことを感じました。

ムクドリがくれた不思議な種

木々が葉を落とし、鳥たちの食べものがいよいよなくなってくると、鳥たち、意外なものを食べているのですね。ムクドリの大群がリュウノヒゲの青い実を食べているのです。

どこからくわえてくるのでしょうか？　リュウノヒゲは地面の上に植えられていますから、地面に降りて実をとるのはカラスなど、ほかの強い鳥に狙われるかもしれません。これはムクドリたちにとって命懸けの仕事だと思います。

それに、あの小さな実は葉っぱの中に埋もれているので、見つけてとるのも大変だったでしょう。その実をくわえて、園の大きなケヤキの枝にとまって、そこで食べ、〝全員〟で種を下に落とすものですから、バラバラとまるで大粒の雨が降っているかのようです。

はじめは何かわかりませんでした。リュウノヒゲの実は、まわりの部分をとると、中から弾力性のある白っぽくかたい種が出てきて、これがとてもよく弾むのです。「これはおもしろい」と思い、お誕生会のとき、「ムクドリがくれた不思議な種」として子どもたちに話しました。するとその日のうちに、子どもたちは落ちた種のほとんどをひろい集めてしまいました。ムクドリたちもいい目をしていますが、子どもたちの目も負けず劣らずです。

年中のK君は、まだ青いものがまわりについた種をひとつ見つけ、「皮むいたら同じものが出てきたからきっとこれだ!」と言っていました。瑠璃色の、じつにきれいな実です。

またこれも一月の中旬のことです。外を見ますと、日差しがまぶしいのに、白いものが〝キラキラ〟と落ちているのです。「近所でたき火してるのかな?」とも思いましたが、それにしてはたくさんです。

外に出てよく見ると、それはなんと〝雪〟だったのです。思わず室内にいる子どもたちに放送をして知らせました。するとそこにはテラスに出て、うれしそうに〝ピョンピョン〟と跳んでいる子どもたちの姿がありました。こんなに少しの雪でもうれしくなるものなのですね。

それにしてもあの雪は何だったのでしょう。あの朝、空には一片の雲もありませんでした。つよい風に乗って、北関東に降るはずだった雪が、ここ下井草に降ったのかもしれません。このようなことを「風のたより」とでもいうのでしょうか。

オレたちのせいだったんだよ

二月のまだ寒い日、ときどき園庭でたき火をしました。たき火は寒い日でも子どもたちを「外に出ようね」と、戸外の遊びへ誘うきっかけになるし、火の扱いの経験にもなるし、何よりもわたし自身〝たき火〟が好きなのです。

寒い中で枯葉を集めたり、煙をよけて火のまわりを飛びまわったり、手にした棒で火の中をかきまわしたり、寒さを忘れて動くので知らず知らずにからだがポカポカとしてきます。また炎はヒーターとくらべ、不思議と〝柔らかな温かさ〟があり、子どもたちも「この柔らかな感触を感じてくれたらいいな」と思います。

あるとき、燃える火の中に段ボール箱を入れたところ、その燃えていく様子をじっと見ている四歳児がいました。段ボール箱のどの部分に火がつき、どう燃え広がり、箱がどの部分から崩れて燃えカスになっていくのか、一部始終を見届けていたようでした。

また近くにいた三歳児もじっと見ていましたが、

「段ボールの中から火が出てきた！」

とビックリしたように言ってました。段ボールの切り口には小さな穴が並んでいて、そこから白い煙とともに火が噴き出すのを見て、そう思ったのでしょう。この子はまだ、火が〝火種〟から移ってきたということまでは理解していないようです。

火は子どもたちに「不思議に思う」という大切な気持ちをもたらします。

たき火の火が消えかかったころ、先の四歳児が燃えカスをかきまわしたので、すっかり消えてしまいました。そのとき雨がパラついてきました。

「なーんだ、ヨシコ先生のせいで消えたんじゃなかったんだ」

「雨が消したんだ」

「イヤ、オレたちのせいだったんだよ」……。

火は〝危ない〟けれど、子どもたちに〝大きなもの〟を与えてくれます。

心づかい

年長組のAちゃん、年少組のCちゃんの上靴を見つけ、お部屋にいるCちゃんのところへ持って行きましたが、どう言っていいのかわからなくなってしまいました。なぜなら、Cちゃんは〝自分の靴〟という意識や、お部屋では〝上靴をはく〟という意識がまだ薄いため、Aちゃんが靴を持ってきてくれたことがよくわからず、Aちゃんの差し出す靴に何も反応しないのです。

「Cちゃんの靴、持ってきてあげたわよ」という表情で保育室に入ったAちゃんには、Cちゃんの態度はとても不思議に感じられたようでした。いつものAちゃんなら「せっかく持ってきてあげたのに、ありがとうぐらい言いなさいよ」とくるはずなのですが……。

少し前のことです。まだ園に慣れない子がお母さんと別れて保育室にたどりつくまでに、ひとつのコースがありました。まず、年長組の部屋の裏にまわり、〝くっつく草〟を洋服につけ（これはヤエムグラ）、ニワトリにやるハコベを摘んで手にしっかり握り、それから年長組の部屋で飼っている金魚を抱っこされてガラス越しに見せてもらう。そしてしばらくニワトリ小屋の前にしゃがんでハコベを食べさせ、気分が変わったところで保育室に行く……というコースです。

そのうち金魚のところへ行くと、窓の外の新しいお友だちに気づいた年長組の子が、窓のカギを開け、金魚の水槽の中の水草をぜんぶ出して、金魚が見やすくしてくれるようになりました。

どれも年長の子の、新入の小さなお友だちに対する精いっぱいの〝心づかい〟だと思います。ほかにもこのような光景がアチコチで見られるようになりました。一年前はあんなに幼かった年長児たち……。その一年間の成長をしみじみ感じています。

工事中でーす

「工事中でーす」

その声に振り向くと、年少組の男の子が三～四人、砂場でトイを斜めに立てかけて、ホースの先をそこに入れて水を流していました。しばらくそうしていたのですが、それだけでは飽きてしまったらしく、水の流れに砂をつかんで入れ、水の力で砂が下のほうにバラバラになって流れていく様子を興味ぶかげに見つめていました。

これを何回かくり返したあと、葉っぱで試したり、紙の切れはしで試したり、また石ころで試したりしていました。

やがて何を思ったのか、砂場の近くに置いてある水道管の部品の中からおもしろい形をしたものを持ってきて流そうとしましたが、これは流れません。置いたところでつかえて止まってしまいます。

するとと彼らは流そうとするのをやめ、この水道管の穴にホースの先を入れて、反対側から水を出すことを見つけました。偶然からの〝発見〟です。みな「おもしろいことを見つけたぞー」といった表情です。

何かものをいじくり回していくうちに、新たなことを発見していく……。ここに「遊びのおもしろさ」があり、「遊びのなかでの知恵」もこんな小さなことから身に付けていくのだと思います。

仲間のAくんはこの流れをさらにずっと遠く、となりの砂場まで流してみたくなった様子で、トイをつなげていきました（ⓐ）。先端のところで待っているのですが、水は流れてきません（当然の原理なのですが）。するとこの遊びには自信のある年中組のKくんが通りかかり、

「つなぎ目がおかしいんじゃないか」……。

そう言って、すべて直していきました（ⓑ）。じつはKくん、

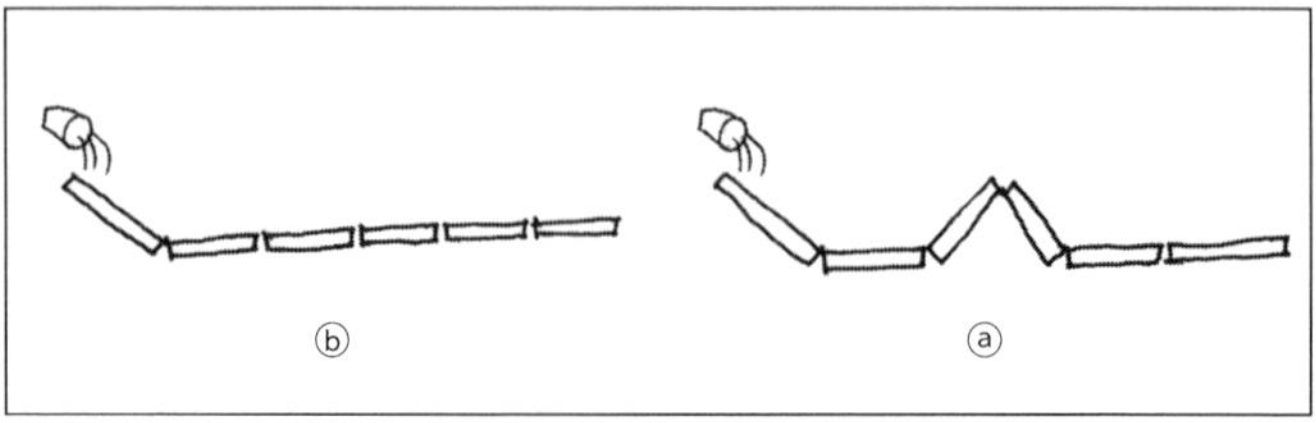

トイのつなぎ方を最近完全にマスターしたばかりなのです。

しかし水は途中までしか流れません。どうしてなのでしょう?

Kくんもまだ「水は低い所から高い所へは流れないよ!」と自信を持って言えないようです。こうした遊びのなかでいろいろなことを学び、伝えあっていく子どもたちです。

ぼくじゃないよ

「裏へ行ったら〝運よく〟柿が落ちてきた！　おばちゃん柿むいて」

「えっ！」

よく見ると、年長組のAくんが手にしていた柿は園庭になっている柿ではない。おとなりの柿畑になっているのと同じものです。

「本当に落ちてきたのかな?」……。

へたのところがまだもぎたてです。

ハハーん、さては柿ドロボウしてきたな。〝運よく〟などと強調していたところがどうも怪しい。ニヤッとした目が「柿ドロボウ」の目つき。

Aくんたちも、園で保育を手伝ってくれているおばちゃんも、そのへんのところはお互い暗黙の了解ずみで、むいてもらっておいしそうに食べていました。

とても甘い柿を小さい子にひと口食べさせてあげるとき、

「これ甘くないよ、おいしくないよ」

と言って、申しわけ程度にひと口〝サッ〟と食べさせている年長児。

子どもたちは成長とともに、知恵に比例して、自分が得したいために、また勝つために、人をだますなどの〝悪知恵〟のほうもしっかりとついてくるようです。


先日こんなこともありました。年少児のことです。

わたしの後ろにBくんひとりしかいないとき、手にした棒でわたしをぶって、

「ぼくじゃないよ」

Bくんだということが明らかなのですが……。

また、片方の手に泥を入れて握りしめ、

「どっちの手に入っているか?」

と両手を差し出したCちゃん。

「こっち」……。

当たっているほうの手をわたしが指しても開いて見せません。なんとかして泥が入っていないほうの手を指させようとします。これもひとつの〝知恵〟なのでしょう。

一〇月はじめのころの糊遊《のり》びで、子どもたちはベタベタとくっつく力で〝もの〟と〝もの〟を「接着する」という〝技術〟を知りました。それとともにベタベタするのはちょっと気持ち悪く、いやなことと思ったのでしょうか、そのベタベタを武器に何人かの子が数日のあいだ、わたしの洋服につけに来ました。何かひとつ技術を手に入れると、それをよいことにも悪いことにも〝フル〟に使っているようです。

知恵も悪知恵もひっくるめて、子どもたちの〝成長〟として、大きな目で、とりあえずは認めてあげたいものです。

倒木更新

チューリップの球根を植えようと、子どもたちと腐葉土集めをしていたときのことです。

年長組のAくん。

「葉っぱが土になるの？」

「そうよ、葉っぱが腐って細かくなって土になるのよ。それをミミズが食べてウンチしていい土になるの」……。

ミミズが土を食べて、体の中で分解し、植物が栄養分を吸収しやすい状態にすると聞きました。そのほかにも、やっと目に見えるような〝正体不明〟の小さな虫たちも役に立っているそうです。

「えっ！　ミミズが土食べるの？」

「葉っぱが土に？」

Aくんは腐った木のかけらを手にして、

「じゃあ、この木も土になるの？　じゃあ、この木も栄養だね」

「そうかもしれないねえ」……。

エゾマツの倒木更新*という話（幸田文、『木』、新潮社）を読んだことがあるので、きっとそうなのでしょう。なんとなく知っているけど、わかりやすく説明することの難しさ。本当には知っていないのでしょうね。

Aくんたちは、

「栄養、栄養！」

と言って腐った木を集め、プランターの底のほうに押し込んでいました。

この時期になると年長児たちは、大人でも困ってしまう質問をしてくることがありますし、また大人の話にとてもよく耳を傾け、「知る喜び」というのでしょうか、〝知識〟を求めてくるようです。

今日も年長組の女の子たちから、サンタクロースの住所と手紙の送り方まで聞かれました。ある住所に手紙を送ると、日本文でサンタクロースから返事がくるという記事が新聞に載っていましたので、この住所を教えました。

「ああそうなのか、わかったわ」と納得した顔をしていました。まだまだ、そのような世界を信じられる子どもたちでもあるようです。

たくさん遊んでから考える……。〝遊び〟のないところに疑問や不思議に思う気持ちは生まれません。

＊倒木更新：針葉樹の天然林では、倒れた木（倒木）が腐り、その上に次の世代を担う若木が育つ。これを「倒木更新」という。親木は種を飛ばすだけでなく、倒れたあとは自らの身を腐らせて子を育てる。自然の摂理である。

日本人としてのアイデンティティ

わが家では神様たちが健在です。伊勢の神様の「大神宮様」、火の神様の「荒神様《こうじん》」、それに「えびす様」、この地を守る「守護神様」、「御嶽神社《みたけ》」……。宮大工をしていたわたしの曾祖父の岩蔵さんも小さな祠に祭られています。毎月一日には母がお灯明と榊《さかき》を、一五日にはお灯明をあげます。大晦日の夜から三が日の朝晩の計七回、お灯明とお供え物をあげるのはわたしの仕事になります。

新年には、「藍の神様」、新しい年を迎えるための「年神様」、新しく作った「荒神様」、それに門松も加わるのでポケットに十数本のロウソクとマッチ箱を入れ、お盆にお供え物をのせてあっちこっち走り回ります。ですからお正月は神様たちの世話で忙しくなります。「これさえなかったらゆっくりとできるのに」と信仰心のないわたしは思うことがありますが、反対にこれがないとなにか締まらないようにも思います。守護神様は外にあるので、暗闇でロウソクを点した時などそこは時代を遡ってしまったような、何とも妖しげな世界になります。幼稚園の子どもたちがわが家の裏庭に木の実ひろいに来たときなど、この神様のところに下がっている鈴はとても人気があり、「世界のオモチャが貰えますように！」とか「おばあちゃんに会えますように！」などと、それぞれに小さな手を合わせてお参りしています。子どもたちが帰ったあとを見ると、小石や木の実が供えられていたりすることもあります。

これらの神様にはそれぞれお祭りの日があり、お話があるようです。テレビ番組の『日本昔ばなし』の好きな母はそのお祭りのいわれをときどき仕入れては「荒神様のおだんごを三六個あげるのはね、いつも習慣でやっていたけど、こういう訳があったんですって」「いのこ（亥の子）の祭りに二股大根をあげるのはね……」と、新しい発見をうれしそうに話しています。伯母も自分が生まれ育った練馬区中村に伝わる昔話を一冊の手づくりの和とじの本にまとめ、地域の小学校などでときどき話をしたそうです。子捨ての話が載っていてビックリしたことがありました。

一木一草にも神が宿り、木の精が住んでいると考える日本人的な視点から〝環境〟

について考えてみたかったのです。

いい空気を吸いたいですね、きれいな水を飲みたいですね……。そういえば井戸には「井戸神様」、川の近くには「水神様」が祀られ、水が大切にされていたそうです。「排気ガスが」「海や川の汚染が」と環境について科学的に考えるとともに、八百万《やおよろず》の神々を通しても考えられそうです。

追記：わが家には、井口美世子家所蔵文書として、平成十四年に登録された文化財があり、碑が建っています。

碑には、

「旧下井草村の旧家である当家所蔵文書の年代は、延享四年（一七四七）から約二〇〇年にわたっています。当文書の特色は、明治中期から大正にかけて盛んだった、藍や生糸のほか沢庵などの製造販売の商業活動を記録した経営文書が大半を占めていることです。東京近郊農村であった下井草の地主・商家が行った多角的経営の実態や生活を伝える史料で、近代における杉並の産業史・商業史を伝えるとともに、当時の村の暮らしを知ることができる貴重な文書です」（平成十四年二月十三日指定、杉並区指定有形文化財・井口家所蔵文書　三八六点）

とあります。

そのうちの明治中期から昭和初年のものは、旅日記や大福帳も含め、ほとんどが岩蔵さんの筆によるものです。記録することが好きだったのかもしれません。

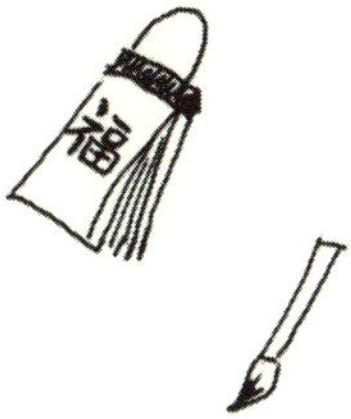

チューリップが寒くてかわいそう

どの年にも必ず「困ったわねー」と思うようないたずらの〝常習犯〟がいるものです。Aくん、Bくん、Cくんもその一人かもしれません。思わずその瞬間を撮ろうとカメラを取りに走りだすような愉快なこともよくしてくれます。

二月末の小学校見学のときです。

くつをはきかえて、「さあ見学に行こう」とみんなが並んでいるのに、その三人は入口のところにしゃがみ込んで何か〝せっせ〟とやっています。

「何をしているの？」

と言って近寄ってみたところ、みんなのくつのドロが通路を汚してしまったため、それを手で懸命に払っていたのでした。わたしも手伝ってすっかりきれいになった頃には、友だちはみんな角を曲がって見えなくなっていました。でもすぐに満足そうな笑顔で列に加わっていきました。

その数日後、雪の朝のことです。例の三人がとても固くて強い雪の玉をわたしに投げてきました。しばらくして、チューリップの芽が少し出ているプランターの上の雪を取って集めていたので、「さてはもっと固い玉をつくっているのかな?」と思って構えていたところ、ニコニコした顔でこちらを振り向き、

「チューリップが寒くてかわいそうだったから」……。

〝いたずら〟ができるということは、裏返せばそれだけ細かいところ、誰もが気がつかないところに〝気がつく〟ということかもしれません。

そして、これをされたらいやだということを知っていると、それを武器として使うこともするし、思いやりとしても使うことができるということでしょう。

先生は何も知らないんだなあ

園で生まれた二匹のウサギはそろそろ七歳になります。八匹くらい一緒に生まれたうちの二匹です。ウサギの寿命は四〜五年と聞いているので、七歳というと長寿のうちに入るのかもしれません。

今年に入ってウサギの飼い方を変えました。今までは園庭の真ん中の広い小屋で飼っていたので、土の上で思い切り寝そべり、穴を掘り、子どもたちが小屋に入っていくと、よくその穴の中へ逃げ込んだものです。いまは個室に閉じ込められ、子どもたちが近づいてきても逃げられないので、ウサギにとっては気の毒かもしれません。

そこでウサギの囲いをつくって、そこに放してやろうとしたところ、〝クロちゃん〟はジャンプ力が強く、ピョーンと囲いを飛び越してしまいました。そのため、雨の日以外は外へ放しています。つまり〝放し飼い〟です。

子どもたちがたくさん園庭で遊んでいるときは、あまり走り回らず、アジサイやサツキやエリカの茂みの中でじっとしていることが多いのですが、子どもたちが部屋の中にいるときは、こちらの茂みからあちらの茂みへと走り回り、キュウリ畑などもピョンピョンとうれしそうに飛び越えていきます。

最近、キウイの棚のとなりのアジサイの茂みの下の土を少し掘っているようです。ウサギは暑さに弱いので、涼しい木陰の土を掘って、ひんやりした土を出し、そこにお腹をつけて心地よくなりたいのでしょう。また、子どもたちにつかまらないように走るので、小回りも以前よりうまくなってきたように思います。

でも夜、狭い小屋に入れるときは、幼稚園に生まれてきた運命に「我慢してね」と言いたくなります。

三月に卒園したSくんが言っていたそうです。

「ヨシコ先生は何も知らないんだなあ。ウサギは土の上に暮らして穴を掘る動物なのに、あんな狭いところに閉じ込めちゃって」……。

Sくん！　そういう訳でちゃんと外に放してあげているからだいじょうぶ。卒園してもちゃんとウサギのことを心配してくれるSくんにうれしくなりました。

このような飼い方をしてから、子どもたちのウサギへの関心が今までより強くなってきたようです。

「葉っぱを食べさせるときは追っかけちゃダメだよ！　少し離れたところでウサギを驚かさないように葉っぱをじっと持ってるんだよ！」

と小さい子に教えていたDくん。

小屋に入れるとき、ウサギがどこにいるのか見つけるのが得意な子。ウサギを捕まえるのは難しいのですが、できる子も少し現れてきました。Mくんもそのひとりで、先日ウサギを抱え、友だちの先頭を得意そうな笑顔で小屋へと歩いていました。

しかしまだ、お当番のとき、

「ウンチがくさいから」

と言って鼻をつまんだり、おそるおそる掃除をする子もいます。

「だけど、ウサギさんはウンチくさいところにいるのはいやだよね。くさくないようにきれいにしてあげようね」

と担任に言われながら掃除をしていますが、しだいにSくんのような気持ちの子が増えてくるといいなと思います。

〝シロちゃん〟がケガをして、足から血を出したときも、

「もうケガ治ったかな」

と、ときどき心配そうにシロちゃんの後足をのぞき込む子がいました。このケガは結局、痛めた爪を獣医さんに切って消毒をしていただき、だいぶよくなりました。

これからの一年間、〝シロちゃん〟〝クロちゃん〟の二匹のウサギも、子どもたちの仲間としてどんな話題を与えてくれるでしょうか。

うちのおとうさんね、このくらいなの

四歳児が〝泥粘土遊び〟をしていたときのことです。いつもより低空飛行をしているヘリコプターの大きな音。その音に引かれて、数人の男の子が急いで空を見上げに走りました。

「あっ！　大きなヘリコプターだ！」

「おっ、すげえ！　おっきいぞ！」

別にいつも飛んでいるヘリコプターと変わりないのですが……。

低く飛んでいるから、近くだから「大きく見える」ということは彼らの頭の中にはまったくなく、本当に「いま飛んでいるヘリコプターは、いつものより大きい」と信じているようでした。

何年か前のこと、幼稚園の上空を飛んでいる飛行機が遠くのほうへ飛び去り、屋根の向こう側へ消えていく様子をじっと見ていた子が、

「あっ、飛行機、小さくなって下のほうへ落っこちちゃった！」……。

たしかに飛行機が遠くへ行くと、次第に小さくなって地平線に近づきます。

また、これは六月のはじめのことです。

庭で四歳児が数人で三センチから五センチくらいのハクモクレンの実（？）を見ていたときのことです。

「これはおかあさんね」

「これは大きいからおとうさん」

「これは小さいから子ども」

「これはもっと小さいから赤ちゃん」

などと話しながら見ていたところ、ある子が、

「うちのおとうさんね、このくらいなの」

と、親指と人差し指の間を思い切り広げて見せました。「ここにあるハクモクレンの実よりもずっと大きいよ」ということなのでしょう。ハクモクレンの実を「おとう

さん、おかあさん……」と見ているうちに、自分のおとうさんの大きさと混じってしまったようです。

近いから大きく見える、遠いから小さく見えるという〝ものの大きさ〟をしっかり把握できるのはだいぶたってのことと思いますが、そこに行きつくまでの過程で、「ちょっとおかしいな?」と思える子どもたちのおもしろい会話に出合います。子どもの〝ものの見方〟と大人の〝ものの見方〟の違いのひとつでしょう。

川づくり

ある夏のこと、ネコの〝カル〟が庭を流れる水の先端をジッと見つめていたことがありました。少しデコボコのある土の上を流れるので、水はくねくねとミミズが進むようにゆっくりと走っていました。そのうち、その流れと遊ぼうとしたのか、首を傾けながら〝ちょっかい〟を出していました。

ネコでさえ〝水の流れ〟に興味を持ちます。ましてや人間の子どもたちなら水の流れをとてもおもしろがり、そこでいろいろなことを試しながら遊ぶのは本能的なものかとも思います。

六月のある日、年長児数人がトイを砂場に斜めに置き、ペットボトルに水をくんできてはトイに流していました。そのうちトイから流れた水が砂の上のくぼみを走りはじめ、〝川づくり〟がはじまりました。砂場全体に迷路のように溝を掘り、その溝に水を流そうとしているようです。一人ひとりの表情や手の動きを見ていると、どうもただ好きなように溝を掘っているようではなさそうです。

Aくんは比較的広くて水の勢いがある流れをじっと見ていました。トイの先端部の近くなので、まだ水の勢いが衰えていないのです。

Aくんはしばらくその流れを見ていましたが、

「水の勢いがあるから、こっちは無理かなー」

と、つぶやきました。Bの流れからCのほうへと（①）、水を分岐させて流したかったようです。いままで何回となく砂を掘っては水を流した経験から出たことばなのでしょう。また溝を掘るとき、水が流れていく先端をじっと見て、「こっちのほうへ流れそうだ」と思われる方向を、よく考えて溝をつくっている子もいました。

砂と水は、子どもたちに〝考える〟ことをたくさん与えてくれる素材です。そういえば、世界の文明も大河のほとりで生まれたのでした。

①

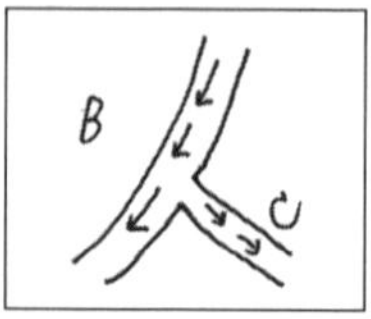

黒土の中の水の威力！

年中組のRくん、もうお弁当の時間なのに、素足でしゃがみ込んで運動靴に砂を入れてはこぼしています。

「あらっRくん、いつもはお集まりの声がかかると、片づけをしてすぐ部屋に入っていくのに今日はどうしたのかな?」

「くつが濡れちゃったんだもん」……。

濡れたところに砂をかけては逆さにしてこぼしていました。なるほど、濡れたところに砂をかけると、水分が砂に吸い取られるためか、濡れたところに砂がつくためか、たしかに靴は〝乾き〟ます。靴の中が終わると、こんどは靴の底の濡れているところに砂をかけていました。

「Rくん、よく砂場に水を運んでは池をつくったりして遊んでいたもんね」……。

そんな遊びのなかから見つけた知恵なのでしょう。

同じ日、年長組の男の子数人が、水を混ぜてドロドロになった土をプリンカップに詰めて、

「フニャフニャプリンできた」

と言いながら、その上にかき集めたサラサラの土を表面いっぱいにかけていました。かけてもかけても、カップの縁から、白っぽい乾いた土は円形を描きながら黒い土に変わり、その黒い土が中心に向かって押し寄せてくるのです。

「どうしてこうなるのかな?」

と聞くと、自信たっぷりにこう言うのです。

「黒土の中の水の威力!」……。


子どもたちが庭のアチコチにしゃがみ込んでいる姿をよく見ると、土や砂や水というとても単純な素材をアレコレといじくりまわしながら、子どもたちにとっては〝高度なこと〟を考えているのです。

最近、新聞の社説などで「＊アダージョの文化」とか「急いで答えを出すな」などの記事を目にします。カラヤン指揮のＣＤ『アダージョ』がヨーロッパで爆発的な人気だそうです。話は大きくなりましたが、大人も子どもも〝じっくり〟〝ゆっくり〟〝確実に〟遊んでもらいたいものです。

＊アダージョ　音楽用語。イタリア語で「ゆったり」の意味でゆるやかな速度を示す。

良心の育ち

年長組の子どもたちとお弁当のあと、「百人一首」をしていたときのことです。というっても坊主めくりですが……。ルールは簡単です。〝殿〟が出たら一枚もらえる。〝坊主〟が出たら自分の札を全部出す。〝姫〟が出たらもう一枚と、もし誰かの出した札があったらそれももらえる。それだけです。

Nちゃんの次のOくんが、順番を間違えて先にめくってしまいました。しかし、すぐに気がつき伏せましたが、それが〝姫〟の札であったことは、Nちゃんはじめ皆にわかってしまいました。しかも誰かが出した札が山のように積まれています。皆いけないものを見てしまったように、〝ハッ〟とした表情になりました。

わたしは「しめた！」とばかりに、NちゃんがOくんが間違えてめくった「姫の札をとるかもしれないな」と思いました。友だちもそう思っていたようでした。この札ぜんぶNちゃんに持っていかれると……。

ところがNちゃんはこの札を避けたのです。Nちゃんはほかの山から取りました。

Nちゃん、自分が「フェア」でないかたちで得する気持ちにはなれなかったようです。

「Nちゃん〝大人〟だなあ」……。

またある日はこんなこともありました。

そのとき、札の山はひとつでした。Kくんが間違って抜かされ、次のAくんのあけた札が〝坊主〟でした。二人の手元には札がたくさんあったのです。Aくんはとても残念そうにして、札を手元から離そうとしました。だれもKくんが抜かされていることに気づいていませんでした。

「Kくん、黙っているかな」と思いました。しかし、ちょっと迷っているような表情を一瞬見せましたが、すぐに、

「Aくんじゃないよ、ぼくだよ」

と言って、Aくんの取った〝坊主〟の札を山の上に戻し、すぐにそれを自分が取って、自分の手元の札をいさぎよく出したのです。

あなたならこんなときどうします？　わたしだったらどうするかな？

二人の姿を見て、子どもの純粋な〝良心の育ち〟を感じました。このような良心の育ちを、親が、そして大人が摘まないようにしたいものです。

相手にも主張がある

「今年の新入児は泣く子が少ないなー。みんなお母さんと離れるときも拍子抜けがするくらいスッと離れてしまう」と思っていたところ、入園して一週間目くらいからでしょうか、年少児のクラスをはじめ年中児の二クラスとも、朝、お母さんにしがみついて泣く姿が見られるようになりました。

「新学期はこれでなきゃー」……。

泣くことも〝自己表現〟のひとつですから、今までの緊張が消え、泣くことを通して自分を表現することができるようになった、とも考えてよいでしょう。

新学期はいろいろな場面に出合います。入園して一週間くらいのある日のことです。年少『とまと組』の二人の男の子がピンク色の〝手押し車〟をつかんで引っ張り合い、

どちらも離そうとしません。二人とも目に涙をいっぱいため、

「ぼくのだ」

「いや、ぼくのだ」

と一歩も譲ろうとしません。そのうち二人とも片手だけ手押し車から離して、相手を押したり、相手のほっぺをつかみ合っていました。まったく平行線です……。

そのうち片方の子が（この子は年長組にお兄さんがいるので）、「おにいちゃんを呼んでくる」と言い出しました。お兄ちゃんに味方してもらおうと思っているようです。

しかし、もう一方の子の耳には入りません。そうして「お集まり！」と担任が呼びにくるまで二〇分くらい引っ張りっこしていました。

担任とのやりとりがあり、二人は手押し車を離したのですが、片方の子の気持ちが収まりません。部屋に入ろうとしないのです。その後、その子が庭を歩いていて偶然、今度は青い手押し車を見つけました。

「Kくん、これオモチャのおうちまで持っていってくれる？」

と言うと、ニコッとしてほんの少し押してから走って部屋へ戻っていきました。ほんの少し押しただけで満足したのかもしれません。

Kくん、手押し車はピンクのがひとつだけじゃなくて、青いのもあるんだよ……。

オモチャの取り合いから始まって、座るイスの取り合いとか、さまざまなトラブルがあちこちで起こっています。年中組から年長組になると、もう少し複雑なトラブルも起こってきます。そうして、「相手にも主張がある」ということを知りながら、成長していくのでしょう。

トロトロツルツル

「色のついた冷めたホワイトソースを手でかき混ぜる」

そんな〝感触〟を想像してみてください。

園に慣れ、「もうこのくらいのものが出てきても大丈夫かな?」という六月のころ、年中・年少児を中心に〝トロトロツルツル〟という感触を体験させます。

今日はじめてそのトロトロツルツルのピンク色の「フィンガーペイント」を目の前にしたAくん。

「何だろうこれ、さわっても大丈夫かな?」

といった表情で、ドロドロしたものが置かれたテーブルから少し離れたところで、その〝物体〟をじっと見つめている。

「Aくん、今日はさわらないかもしれないな」

と思いながら見ていた。

お友だちが遊びに夢中になっているころ、少しずつ近寄ってきて、右の人差し指でちょっとさわって、

「ついちゃった！　だけどだいじょうぶみたい」

という顔でその指先を見つめる。

指一本でテーブルの上をこすると、指先の幅だけの細い筋がつく。

いつの間にか手のひらをぺったりとつけてテーブルをこすっている。

すると、細かった筋は、手の幅の広い筋となる。

しかし左手はまだぐっと後ろのほうにやり、指先を緊張させている。

ここまでできたAくんは気持ちに少し余裕ができたのか、

「そんなに気持ち悪くない……」

とでもいうように片手でテーブルの上のペイントをこすりながら、となりの友だちのしていることをジーッと見ている。

とても小さな出来事ですが、ここまでくるにはAくんの心の中に大きな〝葛藤〟があったことでしょう。

やがてAくんは、両の手のひらも同時にテーブルにぴったりとつけて遊ぶ。

となりの子がしているように、手の中にペイントをたっぷりととって、〝ギュッ〟と握って、指の間からトロトロと落としてはその様子をじっと見ている。

こうして一歩一歩遊びに慣れていくのでしょう。


Aくんと反対のタイプの子ももちろんいます。はじめから「待ってました！」とばかりに〝トロトロ〟の中に手を思い切り突っ込んでかきまわしたり、自分の手足に塗りたくったり……。

またほんの少しさわっただけで、

「もうやーめた」

と行ってしまう子もいますし、まださわれない子もいます。

このような遊びをいやがる子もいますが、やがて泥粘土などにも思い切りさわれるようになると、精神的にさわやかな風が吹き込むように〝緊張〟がほぐれるのも確かなようです。

今の子どもたちは〝触感覚〟を育ててくれる土や砂や水、そしてひんやりとした草むらなどに触れる機会が少なくなっています。五感の中でも原始的なこの〝ヒフの感覚〟をもっと大切にしなければと思います。

「さわってわかる体験をたくさんさせないと、視てもわかる子にはならないぞ」……。

美術教育家で、逗子かぐのみ幼稚園にいらした小関利雄先生の言葉です。

惻隠の情

六月末のことでした。

Iさんからの電話です。

「スズメの〝ヒナ〟を拾ったのですが、園で飼ってもらえないでしょうか?」

「あらー、せっかく縁あってIさんに拾われたんですし、スズメのヒナ育てるのは難しいっていうけれど、何とかして育ててみたら?」

「でもー、死ぬかもしれないし、その時のことを考えてみたら……」

巣から落ちて、ようやく飛べるかどうかのヒナを、Iさんはついに育ててみる決心をして、いろいろやってみたようです。スズメのヒナを育てた経験のある友だちに聞いたり、園の動物たちもお世話になっている小金井動物病院の小金井先生にも育て方を教えていただいたりと……。

必死にヒナのことを考えているIさんの姿がお子さんたちにも伝わっていったのでしょう。弱々しくエサを口にしているヒナを見守るご一家の姿が浮かびます。

少しエサを食べたそうですが、その日の夕方力尽き、みんなの見守るなかで〝コクリ〟と首をうなだれてしまったそうです。

この姿を見ていた卒園生でもある一年生のお兄ちゃんが、夕食を食べながら涙を流し、布団の中に入っても、

「ママ、布団がぬれるんだよ」

と、つぶやいたそうです。

「このような涙を流したのは初めてなんですよ。やっぱりスズメのヒナ育ててよかったと思います」

そう言って次の朝、Iさんが知らせにきてくださいました。

ときどき講演にお招きしている昌子武司《しょうじたけし》先生（大妻女子大学児童学科教授、学内の児童臨床センター教授で自閉症児がご専門）の言葉を借りれば、このような涙を「惻隠の情」*

というのだそうです。

動物や植物を、ただ「かわいいね」「きれいね」と見ているだけでは、その一部と接することにしかなりません。やはり親子で実際に育ててこそ、いろいろな感情とともに〝心が深く育って〟いくのでしょう。

＊惻隠の情　心から相手に同情する気持ち、「かわいそうだなあ」とあわれむ心のこと。孟子の「惻隠の心は仁（じん）の端（たん）なり（あわれみいたましく思う気持ちは仁愛の糸口である）」からの成句。

本物の匂い

夏もさかり、〝くちなしの花〟の香りが強く漂う時です。夜などはなおさらです。子どもたちにこの花を差し出すと、

「なんかヘンな匂い」

「なんか石けんみたいな匂い」……。

「いい匂い」と言った子は、わずかでした。

石けんや消臭剤に〝くちなしの匂い〟が使われているのでしょう。「石けんみたい」とはあべこべの話です。本物のみごとな星空を見て、「プラネタリウムみたい」と言った子がいましたが、それと同じです。

自然界のものに似せていろいろな〝香り〟が合成できる世の中ですが、まずは心地

よい匂いであれ、不快な匂いであれ、それ自身が持っている〝本来の匂い〟を知ることが最初ではないでしょうか。

そのうち〝腐った匂い〟や〝ガス漏れの匂い〟、お鍋の〝こげた匂い〟も感じ取ることができず、センサーに頼る世の中になったら大変です。

ちなみに「くちなし」(梔子)とは、果実が熟しても口を開かないからそう言われます。

赤白順してる

年長組のYちゃん、お芋のツルを引っ張って、ツルをじっと見つめ、

「赤白順してる!」(赤組、白組二列に並ぶこと)

と、うれしそうに叫んでいました。

よく見るとお芋の葉は、少し間隔をあけて互い違いに二列になってツルについているのです。「こんなに何年もお芋掘りをしているのに」……。Yちゃんにお芋のツルをしっかり見ることを教えられました。

大きなお芋が土の中から掘り上げられると、掘った子は誇らしげな表情でそれを高々と持ち上げ、友だちは「おまえ、よくやったなー」という表情でそこへ駆けつけます。

年長組のMくんもそのような野次馬のひとりで、誰かが大きいお芋を掘り上げると、ほとんど毎回そこへ素早く走って行って、ちょっと貸してもらい、

「重い！」

とつぶやいていました。

これぞまさしく「大きいものは重い」、反対に言えば「小さいものは軽い」という〝実感〟なのでしょう。その重さが秋の日差しの泥まみれのなかで、Mくんの手のひらをじかに伝って、体と心に記憶されていくのだと思います。

「重さ」について言えば、このような経験を何度もして、こんどはそのつど手にしなくても、大きなお芋を「重そうだなあ」と思うようになることでしょう。

先日読み終えた本の一節を思い出します。

「乳児たちは、後年もはや口にすることのない、食物以外のあらゆる感触を心ゆくまで味わいつくすのであるが、（中略）細菌を理由に、彼らからこの営みを奪おうとすれば、それは、まさにそのために天から授かった腸管リンパ系をなしくずしに骨抜きにする、おそろしい去勢の行為と知らねばなるまい。

さて、幼児たちは、やがてこの口の過程を卒業し、もはや内臓とは関係のない〝手と目〟の両者だけで満足するようになってくる。（中略）そのうち、ここから〝手を退き〟、ついに目玉という、たった一つの触覚でもってこと足りる世界が開かれてくることになる」

三木成夫、『海・呼吸・古代形象』、うぶすな書院

Mくんの姿に幼児期の「ものに触れながら感覚が育つ」という大切な感覚の育ちのひとコマを見た思いでした。

やはり年長組のJくん。

「見て見て！　ぼく〝いも〟って書けるよ」

と、小さな石を握った手で畑の黒い土の上に〝いも〟と何度も書いてくれました。

年中組のTちゃん。午後の遊びのときも、なぜか大きなとても大きな少し傷ついたお芋を、肌身離さず抱きかかえながら遊んでいました。

その日参観にいらしたお母さんによると、

「Tちゃんがこのお芋掘ったんだものねえ」……。

この大きなお芋と出合った瞬間が、とても強烈な印象だったのでしょう。その大きなお芋はTちゃんの友だちか、Tちゃんの赤ちゃんのように見えました。

年少組の子どもたちも自分の掘ったお芋をよく覚えているようです。畑で一度掘ったお芋をカゴの中に入れたのですが、帰りぎわ、

「お芋もって帰ろうね！」

と言われると、自分が掘ったらしいお芋をしっかりと手に持って離しません。大人でしたらどれでもいいと思うのでしょうが、ここが〝臨機応変〟ということができない年少児らしいところであり、「発達」という視点から見ても見逃せない光景でした。

五月に植えたお芋の苗は、ぐんぐん育って大地にツルを這わせ、収穫の秋に子どもたちのなかに〝芋づる式〟にさまざまなものを育ててくれています。

力を合わせて

テラスのところに電話ごっこ用に置いたビニールホースを、片手でつかんでわたしに投げる遊びを発見した年中組の子。わたしがつかみ取って投げ返す。近い所でのホースのキャッチボールは意外と難しいのです。

しばらくやってから、このままでは単純すぎることに気づいたのでしょう。一〇回やったらテラスの上と下の場所を交換するというルールをつくっていきました。そのうち何人かの子がやりたそうに近寄ってきて、「一〇回やったら交替」ということで仲間に入ってきました。

これはほんの小さな朝の出来事です。

また、無心になってホースからトイに向かって水を流している子。単に心地よさからなのでしょう。やがてトイの途中に短い筒を置き、そこに向かってホースの先を〝ギュッ〟と押さえて水圧を上げ、水の先をふたすじにして筒に当てています。こうすると水の力で、わずかですが斜面になったトイの上を筒が移動するのです。

ビニールホースの例もそうですが、一人がおもしろそうなことをしていると、誰か興味のある子が近寄ってきてしばらく見ているのですが、まもなく〝関わり〟が生まれることがよくあります。

案の上、この様子をじっと見ていた男の子（年中児ともなれば、砂場遊びなどわかりやすい場面では、相手がいま何をしたいのかだいたいわかるようになってきています）、筒をもっと動かすため「自分にも何かできることはないかな？」と思ったのでしょうか、両手に体重をかけてホースの途中をギュッと押さえると、水圧がさらに強まり、筒がさらに速く移動するようになりました。この光景は、二人のいま持っている知恵をあわせて、精いっぱい、遊びを〝発展〟させているかのようでした。

いま自分の持っている知恵を精いっぱい働かせることは、次の場面に出合ったとき、何かのかたちで力となるのではないでしょうか。これはものと関わる遊びのなかだけでなく、何かひとつの問題を乗り越えると、その人の心のなかに〝知恵〟というか

〝力〟が生まれる。それが次の困難に出合ったとき役に立つのではないでしょうか。

この二つのことは同じような力なのだと思います。ですからたくさん遊ぶことは大切です。そして「みんな小さいこと」から始まります。

ともに育つ

模擬飼育ともいえる小型のオモチャ、『たまごっち』が売れに売れて〝ホクホク〟のオモチャメーカーが、今度は新しい改良型を発売するそうです。今までのと違うところは、育てる側の呼びかけに反応する機能が付いている点だそうです。宣伝しているわけではありません。老後の時間潰しにはいいかもしれません。ただ、わたしはこのようなものを子どもの時から与えるべきではないと思います。

いくらエサをあげたり世話をしたりしないと死んでしまうといっても、小さなゲーム機の液晶画面の中の動物です。匂いもなければ、温かな感触も、重さも、飼い主との葛藤も、留守の間どうするかという問題も起こりません。そしてフンの始末や、小屋掃除で手を汚すことがまずありません。もっと重要なことは〈死〉についての感覚が麻痺してしまうことです。

小さな動物って飼い主になつくから（もちろん習性として昆虫のように決してなつかない生きものもいますが）いいのではないかと思います。植物を育てるのにも、心配り次第でみごとに花をつける株もありますし、しょんぼりとかわいそうな株もあります。

このような模擬飼育は本当の飼育ではないのに、みんなが〝錯覚〟するようなことになってきたら恐いです。先日、「たまごっちの中の動物が死んでしまって、三歳のわが子が泣いてしまうほど優しい心を持っていてよかった」という母親の投書がありましたが、どこか〝おかしいな〟と思いました。


このオモチャで遊んでいる中高生が親になったとき、わが子をゲーム感覚、ペット感覚で育てるようなところが残るとしたら、どんなことになるでしょう。時代の感覚の波はとても大きく、抗しきれないほどです。しかし、世の中は変わっても、人間は少しも変化しません。おすすめしたいことは、

「ハムスター一匹でもよいから、生きものを育てること」

「一鉢の花でもよいから、生きた花を世話すること」……。

そんな身近な〝小さなこと〟を大切にしていただきたい。小さなハムスターが元気で生きられるためには、また一鉢の花が見事に花をつけるには、陰の力や心配りがたくさんあること、そこを体験することが「ともに育つ」ことになるように思うのです。

矛盾だらけ

今日は〝タケノコ掘り〟をしました。年長児は移植ゴテを手に、年中・年少児は砂場のプラスチックシャベルを手に……。タケノコ掘りをはじめて経験する子もいますし、今年で三回目の子もいます。

〝親竹〟から横にしっかりと伸びている根っこにしっかりとくっついてタケノコが伸びてくるのです。親竹が子どもである〝竹の子〟をしっかりと守っているところをシャベルで〝グサッ〟と掘るわけです。「タケノコ掘り」というと優雅に聞こえますが、親竹にとっては子どもを取られるのですから、なんとも嫌な季節でしょう。

「赤いポチポチが見えるところまで掘ろうね」

この〝赤いポチポチ〟とは、じつはやがて長く太く伸び、「地震が来たら竹やぶに逃げるといい」と言われるくらい、地面の中を網の目のように伸びる根っこの元なのです。子どもたちはこの赤いポチポチのことを、いろいろと表現します。

「赤カブかな?」

「お芋だ」……。

たしかに、その色がお芋の赤にそっくりなのです。

タケノコ掘りのとき、〝矛盾〟を感じることがあります。

それは、

「タケノコさん、さわっちゃうと枯れて大きくなれないから、さわっちゃダメ!

大きく伸びるといいね」

という一方、

「どのタケノコがおいしそうかな? 下のほうまでしっかり掘ってとろうね」……。

人間の都合で、採っていいものと採ってはいけないものがあるのです。

〝ミミズ〟もそうです。ミミズを大切そうに飼う子もいますし、シャベルでミミズをちぎっている子もいます。それを見ると保育者は「かわいそう」と言います。また、

「ミミズとってニワトリさんにあげると喜ぶよ」

という時もあります。

そして、小さなバッタなど見つけたとき、「まだ赤ちゃんだね、かわいい」と言うときもありますが、カマキリを飼っているときは、「カマキリのエサたくさんとった」と言って、袋の中にたくさん集めていることもあります。

大切に育てている〝植物〟と〝雑草〟との関係も似ています。

深く考えれば「1＋1＝2」で解決できないものがたくさんあり、矛盾だらけです。

ある人に言わせると、

「人間が生きること自体自然破壊であり、矛盾である」……。

子どもたちはまだそこまで考えてはいないと思います。

少し成長してから、漠然とでもよいから、こんなことも少し考えられるくらいいろいろな体験をしてほしいと思います。いろいろな〝体験〟と〝感情〟の中から「思索」が生まれるのですから。

教えるとき、叱るとき

梅雨入りを間近に、虫たちが活気づいてきました。

この春、田んぼで生まれた〝オタマジャクシ〟も、保育室で飼っているオタマジャクシも、次々と〝カエル〟になっています。田んぼのみどりの桶《おけ》を少し斜めにして水の量を調節して、オタマジャクシやカエルが泳げたり歩けたりする場所をうまくつくるのが大変です。カエルになりはじめると、またたく間にしっぽが消えるようです。

しっぽが消えると、小さいながらも〝れっき〟としたカエルの姿になり、桶の側面をよじ登っていく姿は愛らしくもあり、その一生懸命な姿は涙ぐましくもあります。

桶から跳び出すと、日の当たらない湿り気のある場所を本能的に探し求めていくようです。たまたまホコリの中を歩いたカエルは、天ぷらの衣のように土がつき、ホコりの塊が動いているようでなんともユーモラスです。

園庭ではちょっとかわいそうなので、本格的なカエルになったものは、わたしの家の生ゴミを捨てるところを子どもたちに「ここがいいよ」と特別に教えてあります。ここは薄暗く湿り気もあり、スイカの皮などにコバエなどの小さな虫がたくさん飛びかい、まだエサをとることがヘタな新米のカエルには打ってつけの場所だと思うからです。

五歳児のKくんはこのカエルに執着があり、カエルになったものを見つけては、「くすぐったいよ〜」などといいながら、逃げられないよう、つぶさないよう加減して手の中に持って、わたしの、

「カエルはね、生きた虫しか食べないから飼えないのよ」

という言葉に従い、何度かここに逃がしに来ました。しかし、Kくんの本心は「ぼく、こういうの飼ってみたいな〜」にあるようです。そこでこの、

「コバエを入れて飼ってみたらどうか」

ということになりました。

お母さんによると、Kくん、昨年ころから人間の〝生死〟について真剣に考えてい

たそうで、そのような時期があったからこそ、これだけカエルに執着しているのかもしれません。カエルを通して〝生命〟というものについて、おぼろ気ではありますが、見つめるよい機会であったと思います。

子どもは動くものが好きです。とくに男の子は……。

〝動く〟ということだけで興味を持つようです。ですから、三歳児の中には、

「あっ！　アリンコかわいい」

と言いながら足で踏みつぶしてしまうこともあります。

先日、三歳児が、四歳児の飼っていた金魚を好奇心からつかんで死なせてしまいました。まだ、生きているとはどういうことなのかわからなかったのでしょう。でも、「わからないから仕方ない」ということではなく、小さいことも見過ごさないで〝機会〟（死んでしまった虫たちには気の毒ですが）をとらえ、伝えていくことだと思います。

そして、〝アリンコ〟をつぶしていた子が次第に、

「そんなことしちゃかわいそう」

という大人の言葉にも影響を受け、虫も〝生きている〟んだということを実感してくれるようになったらと思います。

そんなわけで、この二クラスは〝金魚〟のことでだいぶ時間を使ったようです。

先日の同窓会のおり、〝キバチ〟の羽を片方とって、

「こうすると飛べないんだよ」

と見せてくれた三年生を思わず叱ってしまいました。年齢により「教える時」と「叱る時」があると思いますが、いかがでしょうか。

三歳児は叱ってもわからないでしょうが、三年生はもうわかっているはずです。子どもたちは（大人も）植物を含めて、「生きものとともに成長」していくのだと思います。「生きものに対してどう感じるか」……。それも成長のひとつの〝目安〟じゃないかと思います。

子どもという〝生きもの〟育てで、忙しいとは思いますが、花一鉢、虫一匹でもよいので子どもと違う〝生きもの〟を、家族の一員にしていただきたいと思います。

実力の世界

花が咲いていると虫が集まってきます。その年の植生に合わせて、虫の種類が変化しているように思います。今年はヤグルマソウ（矢車草）もゼニアオイ（銭葵）もすくすくと伸びてよく花が咲いたためでしょうか、〝キバチ（樹蜂）〟がブンブン飛び交っていました。

〝ハチ〟は刺す怖い虫というイメージがあるのでしょうか、子どもたちの前で黄色のキバチを素手で捕まえてみせると、子どもたちは目をまん丸にしてびっくり。

「スゲー、ヨシコ！　ハチつかまえたぞー」

「きいろちゃんとは仲よしになったから、わたしのこと刺さないのよ。くろちゃんとはまだ仲よしになっていないから刺すかもしれない」……。

黄色のハチなら刺さないことがわかった子が捕まえはじめました。

はじめのころ、間違って三～四人の子が刺されてしまいましたが、素手や網など使ってキバチを追いかける日が続きました。ハチを追うことに熱中するあまり、ハチが止まっているゼニアオイの花が目に入りません。花ごと網をかぶせるものだから、花の茎が無残にもたくさん折られてしまいました。しかし子どもたちは、そのことには無関心のようです。

ハチしか子どもたちの視野には入っていませんでした。花がかわいそうなので、茎に支えをつくり、そのことを伝えました。

「ハチは何ももたずに逃げるけど（本当は羽という素晴らしいものを持っているのですが）、みんなは網なんか持ってずるい。手で捕まえようよ」

網がないとハチを捕まえられない子は、

「あたしミミズしかとれない」

「ミミズしかとれない子は、ミミズとってればいいんじゃない？　足が早くなったらチョウチョとれるかもしれないよ」

網がないので子どもたちは考えました。

年長の女の子は、生ゴミ用ネットと木片を使って網をつくりました。また〝プリンカップ〟を両手にひとつずつ持ってハチに近づき、パッとはさみうちにする方法。この方法は以前からありましたが、五歳児が四歳児にやり方を教えるなどして、とてもはやりました。この方法は網と違ってハチに近づかねばならないので、ハチをしっかり見ることになり、刺すハチ、刺さないハチを見分ける絶好の機会となりました。

こうして色や大きさ、模様や形が違うハチがいることに気がついたようです。わたしもそうでした。

とくにはじめのころ、素手でキバチを捕まえた子は友だちから注目されたし、年下の子からは「おにいちゃん、スゲー！」と尊敬の目で見つめられ、本人は恥ずかしいような誇らしいような表情をしていました。手で捕まえられなかった子は、その難しさが身をもってわかったのでしょう。

大人の介在しない、子どもの「実力の世界」のひとこまを見たように思いました。このような経験を通し、生きものとの〝付き合い方〟や〝判断力〟をつけていくのだと思います。

後日、落合進先生（昆虫の専門家、聖徳大学）の話の中でわかったのですが、〝きいろちゃん〟はキバチの♂《オス》（刺しません）で、「クマンバチ」と子どもたちに教えてしまった〝くろちゃん〟は、キバチの♀《メス》でした（これは刺します）。

虫や植物、星のこと、何でもわからないことがありましたら、杉並区の『科学館』に問い合わせてみるといいです。とてもていねいに教えてくれます。

つい先日、プラネタリウム見学のお礼かたがた、夜の一〇時ころ南東の空に輝く大きな星の名前を聞きました。「木星」でした。

追記：近くにありましたこの杉並区立の科学館は、子どもたちだけではなく、大人であるわたしたちにとっても、学べる貴重な場所で、毎年プラネタリウムでは、お世話になりました。子どもたちにとって、自然科学はとても大切なことなのに、二〇一六年三月に閉館になったのは残念なことです。

先を見つめるまなざし

Nくんは「アオギリロープ」に登ることが不得手のようです。お母さんの話によると、いつもは下から三つ目の結び目に足をかけて、そのまま降りてしまうそうです。今日は、

「はだしになってごらん」

と言ったため登りやすくなったのでしょうか、また下で友だちの励ましがあったからでしょうか、登る足はぎこちないのですが、どうも「もう少し高く」登ろうとしていることが感じられます。

ちょうどその日、保育参加のお母さんがNくんに、

「それ以上登ると降りてこられなくなっちゃうから、そこまでにしておいたほうが

いい」

という意味のことを言っていました。わたしが、

「黙って見ていてくださいね。Nくんは自分の力を知っています。自分で降りられるところまでは登れると思いますよ」

とお伝えしました。

じっと見ていると、Nくんとうとう一番下の結び目から数えて九番目の結び目を握り、はだしの足は六番目の結び目をしっかりとつかんでいました。それからもう少し上に登ろうとしたようですが、間もなく自力でなんとか降りてこられたのです。

Nくんは再び挑戦しようとして友だちの後ろに並びました。その視線は九番目の結び目よりも〝ずっと先〟を見つめている真剣な〝まなざし〟でした。目標を高く持っている本当に真剣なまなざしでした。

結局二回目の挑戦も同じ結果になったのですが、こんなに高く登れたのは今日がはじめてであり、お母さんもびっくりしていました。一つのことに〝自信〟を持つと、ほかのことにも自信を持つようになることはよくあります。

大人にとってはこんな小さなことと思われることであっても、大切にしていきたい

と思います。「一つひとつの積み重ね」のなかで、子どもたちは変化し、成長していくものと思っています。

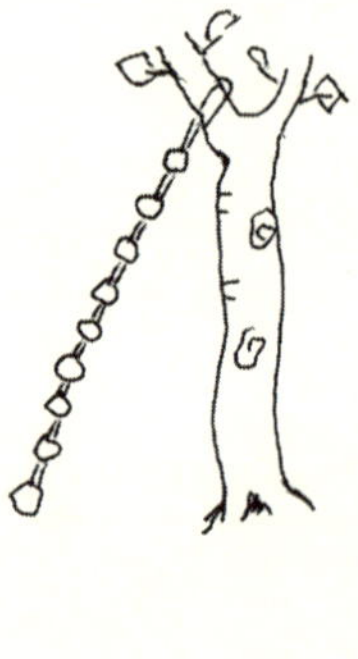

心の中の部屋

年長の『どんぐり組』の子どもたちのお話です。

朝、わたしが、

「それではよろしくお願いします」

と受話器を置くなり、Kくんが目をまん丸にして、

「マジョバーさんから?」……。

わたしは一瞬「?」と思いましたが、とっさに、

「そうそうマジョバーさんからよ。キウイの袋に入れる魔法のリンゴ、今日の夜届けてくれるんですって! 遅れてごめんなさいっていう電話だったの」

ほかの子もそこにいましたし、せっかく〝こうなって〟しまったのですから、

「ヨシコ先生ね、『魔女ばあさんのお友だち』っていう本、マジョバーさんから借りたんだけど見る?」……。

黒い表紙に金の表題が書かれていて、少し怪しげな雰囲気の漂うオーブリー・ビアズリー*の「挿絵画集」が家にあったことを思い出し、走って取りに行ってきました。

「汚したりすると、マジョバーさん怒っちゃうかもしれない」

と言うと、クレヨンを手に付けていた子は、しっかりと石けんで手を洗っていた姿があり、ほほえましくなりました。

黒い袋からおもむろに画集を取り出しました。この絵が子どもたちの心をとらえたようです。オーブリー・ビアズリーは、イギリス世紀末文学を挿絵画家として支えた人物で、『サロメ』の挿絵といえば、思い出される方もいらっしゃるでしょう。

画集を開くと、

「これ超ハデだな」

「こいつがこれの家来だ」

「おんななのに、オチンチンあるよ」

「こいつがこの人を殺したのかなー」

似ている絵を見て、
「これがこれなんだな」……。
「おっ！　宙に浮かんでる、手品だな」
「この人はこの人が好きなんだよ。逆さにするとハートだもん」
「これ急いでいるんだよなー」（スピード感のある絵を見て）
「犬のおばさんたちだ」（顔と足が動物の絵を見て）
「これ血なんだよ」（赤い部分を見て）
「かくれんぼしてんだ」（ちょっと手が見えているものや布にもぐっている絵を見て）
「魔女も指しゃぶりするんだね」（指の先を口に入れている絵を見て）
細かい部分を見ようとして虫メガネを取りに行き、仲間も増えて、この本を囲んでそれぞれが見つけたもの、感じたことをしゃべっていました。
わたしはこの様子を見て思いました。するといくつか特徴が見えてきました。
・子どもはやはり自分の関心に合わせてものを考えること：たとえば、指しゃぶり、かくれんぼ。

・子どもは直観力がすぐれていること：たとえば、スピード感。
・多少毒があっても質の高い（かどうかはわたしの判断では決められません。しかし、いいものはいいのです）ものに触れることは大事であること。

二日目、見ていた女の子が、

「あたし何だか気味悪くなっちゃった」

するとKくん、

「オレも何だかこわくなった」

それを聞いたTくん、

「おまえ、きのう見てたじゃないか」

でも、ほかの子は夢中です。

「どんぐりさん、お集まりしているみたい」

と伝えると、

「ここまで見たから、明日はここからってわかるように紙をはさんどこうよ」……。

ここで〝しおり〟の必要を感じたのですね。

『どんぐり組』では『いたずら怪人』、園全体では『マジョバーさん』『カミナリさま』『サンタクロース』の存在が信じられ語られています。いつか「そんなの、いないんだ」とわかる時が来るはずです。しかしそのとき、マジョバーさんやサンタクロースが住んでいた子どもたちの「心の中の部屋」には、別の誰かが住むようになるそうです。誰が住むのでしょうか？

今は、たとえばマジョバーさんやサンタクロースの存在を信じて、その部屋を作ることが大切なのだそうです。松岡享子さん（翻訳家、児童文学研究者）が『サンタクロースの部屋』（こぐま社）の最初の部分にそう書いていました。『ゲゲゲの鬼太郎』の水木しげるさんも、このような幼少年時代を送ったのかもしれません。マジョバーさんやいたずら怪人のゆくえはどうなるのでしょうか？　今日はここまで……。

＊オーブリー・ビアズリー：イギリスのイラストレーター、詩人、小説家。ヴィクトリア朝の世紀末美術を代表する存在で、悪魔的な鋭さを持つ白黒のペン画で鬼才とうたわれた。一八七二〜一八九八。

無いほうがずっといい

わたしの買いたくないものに〝造花〟と〝おにぎり〟があります。

花は蕾《つぼみ》のかわいらしさ、咲きはじめのみずみずしさ、満開のそして散り際の美しさ、いのちあるからこその美しさだと思います。それぞれの花の色、そして感触、匂い、形は自然がつくり出したものであり、人の手では決してつくり出すことのできないものです。どんな花でも草でも、コスモス一輪でも、ネコジャラシやアカマンマ一本であっても、「造花」にその代わりはできません。

わたしの知人の俵有作氏（美術家、備後屋・ギャラリー華主人）は「いのちのあったものは枯れてもいいもんだなー」と言って、大きな壺に次から次へと枝ものなど入れています。桜の花など、花が散って小さな黄緑色をした葉が出るまでそのままにしていることもよくありました。枯れた花を生けても〝さま〟になるような高度なセンスはわたしにはありませんので、俵氏のようにできないのが残念です。

部屋の隅に忘れられたかのように、ホコリのたまった造花をときどきどこかで見かけることがありますが、こんなふうに置かれるのでしたら「無いほうがずっといいのに」と思うことがあります。

もうひとつの「おにぎり」。これはできることなら買いたくありません。だいぶ以前のことですが、お店に並んだおにぎりをはじめて見てびっくりしました。おにぎりは家でつくるものとばかり思っていたからです。小さいころ、友だちとおにぎりを持ち寄ると、それぞれのおにぎりはその家独特の形をしていました。正三角形、少し丸みのある三角、俵形、海苔にお醤油をつけたおにぎり、塩味だけのおにぎり……。

でも、旅先や止むを得ないときは、どうやって取り出したらいいのか困ってしまうあのセロファンに包まれたおにぎりのお世話になります。この市販のおにぎりは機械でつくられるのでしょうね。みな同じ表情で〝ツン〟とすましています。しかし、たまに口にすると意外とおいしいのです。機械でつくってあっても、ほかの家の味だからでしょうか？

ヨシコー、たき火しよう

あっという間に三月です。

雪がとけて、地面が乾くのをみて、よく火を燃やしました。

年長組の子が、

「ヨシコー、たき火しよう」

と誘いに来ます。

「それじゃやるか」

ということで、子どもたちと〝火あそび〟をしました。

火を使いはじめたころは危なくて見ていられず、注意することが多かったのですが、
このごろでは少し離れて見守り、危ないかなと思われるときに出て行って、ちょっと

教えてあげれば自分たちで何とか燃やせる姿も見られるようになりました。

「ヨシコー、たき火しよう」と来るときは、手に新聞紙を持っている子もいますし、たいていは自分専用の使いやすい棒（どこからともなく持ってくるのでどこかにしまっているようです）を持っています。

時には風よけの段ボールを手にしている子もいます。火のことがわかってきたのでしょう。わたしがマッチをすろうとすると、風をよけるためか周りを取り囲んでくれます。

「黒い燃えカスが飛ぶと危ない」

と教えられてきたので、燃えカスには十分気をつかってきましたが、先日、ほんの一部が火で赤くなった燃えカス（わたしが小さいころは「カラス」と呼んでいました）が飛んだとき、それを追いかけ、足で踏みつぶしている子どもの姿には、火は危険ということがよーくわかっているなーと、びっくりしました。

また、燃やしていいものといけないものもわかってきたようです。先日は燃やすものが乏しくなり、ゴミ箱をあさっているたくましい子もいました。

年中・年少組の子どもたちも仲間に加わりながらも、この年長児の振るまいをじっと見ています。体験はこうして大人から子どもへ、そして大きい子から小さい子へと伝えられていくのだなと思いました。

東大寺の「御水取り」のあの松明《たいまつ》のたかれる日ももうすぐです（三月一二日深夜）。二月堂の「火防護符」なる絵馬、あの子どもたちのため一枚買いました。

男は虫、女は花

年長組のMくんは、どの草にどんな虫がいるのか、じつによく知っています。

そのMくん、朝の集まりの時など、よく担任に呼ばれています。そんなときMくんは何をしているかというと、ゼニアオイやスイートピーの花のところにしゃがみ込んで、じっと見ていることが多いのです。田んぼもよくのぞいています。

先日も、

「ここには尺取り虫がいるんだよ」

と、スイートピーのところへ連れて行ってくれました。

尺取り虫はだいぶ大きくなっていましたから、少し前から気づいていて、よくひとりで見に行っていたのでしょう。

「ほんとだぁ！」

わたしも朝のわずかな時間、花の手入れなどしていましたが、気づきませんでした。よく見ていたねMくん！

「みどりのアブラムシもいるんだよ」……。

朝、枯れた花を摘んだり、プランターの小さな雑草取りをしていて思うのですが、男の子は〝虫〟に、女の子は〝花〟のほうに興味があるようです。これも狩猟・採集の時代の名残りなのでしょうか。わたしが枯れた草を摘んでいると、手伝うつもりなのでしょう、『とまと組』の女の子がまだ咲いたばかりのチューリップを摘んでくれて、ガッカリしたことがありました。いまはもうそういうことはしなくなりましたが……。これも成長なのでしょう。

ネコの〝カル〟が、種をまいたばかりの柔らかなプランターの土の上で寝ているのを見つけ、カルに注意している子。アカマンマを「かわいいね」と、いとおしげになでる子。田植えをした田んぼを見て「草が生えちゃったね」とつぶやいた子。子どもたちの身近なところに〝草花〟があるのは大切です。好奇心が育てられるように思います。

ぜひみなさんもお花の一鉢くらい育ててください。失敗してもいいのです。枯れてしまったら、何がいけなかったのか親子で考えればいいんです。

雨の日に長ぐつをはいて、

「こんな大きなカタツムリ見つけちゃった」

「途中でひろったんですよ。梅かしら、桃かしら？」

などと言いながら門を入ってくる親子の顔はやはり生き生きと感じられます。

小さな生きものや植物に目を向けてみましょう。雨の日は生きものが元気です。もちろん、人間も心持ち次第で元気になるはずです。人間も生きものですから！

火事と喧嘩は江戸の花

東京・小金井市にある小金井公園の中の「江戸東京たてもの園」での出来事です。三井邸のすばらしい建物の中では、触っちゃいけないものに触りはしないかと〝ヒヤヒヤ〟しながら見学しましたが、次に見た大きな農家では触れるものもあり〝すみずみ〟まで入ることができました。木造建築のせいでしょうか、子どもたちを〝ホッ〟とさせたようでした。

農家の建物には囲炉裏《いろり》があり、見学のとき、ちょうど火を燃やしていました。かなり大きい囲炉裏で、子どもたちはそのまわりですっかりくつろいで動こうとしません。手をかざしたり、足まで火にかざす子もいました。学芸員の方にいろいろ話していました。

「火が燃えているのに煙が出てないよ？」

煙が出てはいるのですが、家の中が暗いため、煙がよく見えないのでしょう。

「木なのに火が小さいよ？」

園では枯れ木を燃やすので、ここにあるような太い木を燃やすと炎は高く上ってしまいます。あとで学芸員の方にうかがいましたら、この太い木は雪で折れた〝生木〟とのことで、水分を含んでいるので〝パーッ〟とは燃えないそうです。子どもながら、いい質問にびっくりしました。

「この灰は白いね」

「この灰、仏様のお線香の灰と同じみたい」

「このヤカン、どうやってとるの？」

自在鉤《じざいかぎ》にかかっている鉄瓶《てつびん》が、火の上なので熱くなっていることを心配したのでしょう。また〝五徳《ごとく》〟を指して、

「これなーに？」……。

子どもたちが次の建物へ行ったあと、学芸員の方と少しお話しました。

「どちらの幼稚園ですか？」

「えーっ、杉並！」

もっとずっと西のほうと思われたのでしょう。

「火が好きですね」

「ふつう遠足というと、遊園地のほうへ行って、こういうところ、幼稚園の子はあまり来ませんよ」

静かに話を聞いたり、敷居をまたぐなど、子どもたちの振るまいをほめられました。

そのほか、木造の家では古い柱に頬をつけて「気持ちがいい！」と言う子がいたり、柱の年輪を数えて「いくつかな〜？」と言う子、ある子は「むかしの家は燃えるもんが多いね」ですって。きっと、昔の家は屋根が茅《かや》で、木と紙そして土でできているのでそう思ったのでしょう。

「火事と喧嘩《けんか》は江戸の花」……。

春休みのころには桜も咲き出すでしょう。

ごめんね

二月の末のころのことです。

年長組のSちゃんが誤ってNちゃんの手を傷つけてしまったらしく、SちゃんがNちゃんの肩を抱くようにして、数人の友だちと職員室へやってきました。

Nちゃんの手を見ると、どこかにぶつけたらしく血がにじんでいて、とても痛そうにしていました。Sちゃんはケガをしたときの状況をとても簡潔に話してくれたので、わたしにもよくわかりました。

Sちゃんは、Nちゃんに対してとても責任を感じているようでした。そのときの状況を自分でしっかりと話しましたし、Nちゃんが「うん」とか「いいよ」と言ってうなずいているのに、Sちゃんは身をかがめて、自分の顔がNちゃんの顔にぶつかるくらい近づけて、「ごめんね」をくり返していました。

そのすまなそうにしている姿が一生懸命なので、わたしも何かいじらしくなってしまいました。そこで傷を冷やすガーゼの布を渡し、

「Sちゃん、冷やしてきてくれる?」

と頼むと、Sちゃんは水道のところへ走って行って、ちょうどよい具合にしぼってきてくれました。

「ごめんね」と謝って、相手が「いいよ」と言ってくれても、それだけでは申し訳ないと思う心がSちゃんに育っているのを感じました。だからSちゃんは、Nちゃんにしてあげられることが見つかって少しほっとして水道へ走ったのでしょう。

Sちゃんに心を洗われ、〝大人〟を感じました。このような心づかいは家族の中で、そして友だちの中で育つのでしょう。Sちゃんの今後が楽しみです。そして大勢のSちゃんが育ってほしいものです。

透明は見えるけど白は見えない

少し前のことです。

四歳児のAくんはじめ数人が、絵の具の容器や筆を洗っていました。

Aくんに、

「きのうもウサギのおうちのお掃除してくれたね」

と声をかけると、洗う手に少し力が入ったようでした。

そのとなりでBくんがやはり容器洗いをしていました。Bくんは妹との関係もあるためか、少し穏やかでない時もあるようです。このような時がチャンスなのではないかと思い、

「Bくん、洗うの上手だねえ」

と声をかけると、少し張り切り、長袖をまくりあげ、絵の具で色がついた水が入った桶《おけ》の中を探りはじめました。

「何をしているのかな?」

聞いてみると、桶の底に筆や容器が沈んでいるのではないかと探しているとのことでした。なるほど。水が濁っていると(牛乳のような白でも)底に沈んでいるものが見えないことをBくんは知っていたのです。

「透明は見えるけど、白は見えないんだよ」……。

すると近くにいたCちゃんが、それをさらに説明してくれました。水の入った透明のビニール袋に石ころを入れ、

「ホラ、透明は中が見えるでしょ!」

この子たちの様子を見ていて、暑いころ、水や色水で遊んだことがムダではなかったことや、その中で透明と白との違いを学んだのだということも教えられました。

「透明と白の違い」……。大人には当たり前かもしれませんが、まだ生まれて四~五年しか経っていない子どもたちの、少しずつ手探りしながら知っていく姿を見たひとコマでした。

病室にて

園の様子を直接見ないまま「お便り」を書くのは心苦しいのですが、細かい報告を受け取っていますので、だいたいの様子が伝わってきます。いま〝オタマジャクシ〟がどのような状態になっているかということや、オタマジャクシにパンなどのエサを持ってきてくださっているということも聞いております。

また、Mちゃんはまだほんのすこし泣くこともあるとか、Eちゃんは今のところ遅刻もせず九時までに正門を入っているとか、子どもたちのちょっとした表情まで伝わってきます。

ところで、先日の報告のなかに、

「オタマジャクシがいっぱい死んでいる〜」

という子どもの言葉を見つけてびっくりしましたが、それは〝ウサギのフン〟とのことでひと安心しました。たしかに少し水分をとりすぎのウサギのフンは〝オタマジャクシ〟のような形ですものね。

子どものものの考え方っておもしろいですね。ひとつの知識を獲得すると、みなそれにあてはめて考えます。つまりここでは「黒丸に棒」のようなものがついたものは「オタマジャクシ」ですから、このような形をしたものはみな「オタマジャクシ」になってしまうんですね。

息子が二歳の頃だったと思います。テーブルの上にお醤油をこぼしたことがありました。それが心に強く残ったのでしょう。その数日後、朝のテーブルにうつった湯のみ茶碗の影を醤油がこぼれたものと勘違いし、手でこすったけれど消えないので、

「へんなちょうゆ」

と言ったことを思い出します。

先日、年長組の報告の中に、亀の目についた泥水の泡を、

「亀の目にアクがついてる」

と言った子がいたとありました。きっとお母さんが鍋からしっかりとアクをとっているのを見ているのでしょう。泥水の泡ってアクに少し似てますものね。

子どもたちは、目で見て、手で触って、未知の世界を知っていくのですね。

退院の日に

一カ月近くお休みしていた幼稚園に、退院後はじめて出たとき、元気で土の上を走りまわれることは「いいいな」と思いました。また退院の日、四月半ばはまだ葉が出ていなかったケヤキ（欅）をはじめサクラ（桜）、カシワ（柏）、ポプラ、クルミ（胡桃）などがみごとな葉を茂らせ、わたしを迎えてくれました。五月の日差しに輝いて、ほんとうに「美しいな」と思いました。

この光景を見たとき、子どもたちに何とかして一枚一枚、色も形も違う葉っぱの美しさを伝えたいと思いました。

葉っぱ、緑、新緑といっても、それぞれの形や色は微妙に違います。カシワはフチがくるくると柏餅を包むのにピッタリであり、ケヤキはスッキリとシンプルな形、イチョウ（銀杏）はゆるやかな扇の形と、それぞれの形になるにはそれなりの意味と歴史があり、地上で生き続けるためにこの形になったのだと思います。

五月の誕生会のとき、カシワ、アオギリ（青桐）、カキ（柿）、クワ（桑）などの形をつくり（あとでユズ〈柚子〉も加えました）、

「これと同じ葉っぱがどこにあるか見つけてね」

という簡単なお話をしました。すると昼食後、何人もの子どもたちがわたしの切り抜いてつくった紙の〝葉っぱ〟を持って、あちこち走りまわり、葉っぱを見つけていました。あんな小さな話を受け止めてくれて、「あ〜、よかった」と思いました。

そのうえにもうひとつうれしかったことは、五月生まれのDくんのお母さんがこのことを素敵な絵本にしてくださったことでした。Dくんのお母さんも子どもたちと走りまわり、座り込んで草や葉っぱと遊んだ中のひとりでした。

葉っぱのことを考えていたとき、新聞に『葉っぱのフレディ』（レオ・バスカーリア作、みらいなな訳、島田光雄絵、童話社）の記事を見つけました。これは、すぐには役に立たないかもしれませんが、いつか必要な時がくるような絵本でした。絵本の部屋に一冊置きます。

サクランボの種のナゾ

お迎えをしたあと、園舎の裏手、とくに年少の『とまと組』の裏を少し歩いてみると、足元に白っぽいものから梅干しの種のような紅いものまで、たくさんのサクランボの種が落ちています。

どうしてこんなにたくさん落ちているのだろうと上を見上げてみると、アチコチからにぎやかに、「チーチーチー」と鳴くヒナ鳥の声がしてきます。ムクドリのヒナたちがケヤキの幹の小さな穴の中でかえっているのです。

親鳥がサクランボを運んでくると、「食べたい、食べたい」と言って、みんなで顔中口かと思われるような大きな口を開けて騒ぐのです。

「チーチー」という鳴き声は、今年は例年よりにぎやかです。巣の数がとても多いのでしょう。この周辺に安心してヒナを育てる場所がなくなってしまったからでしょうか。そんなわけで、ここにたくさんのサクランボの種が落ちているのです。

とくに朝はヒナ鳥の声がにぎやかです。鳥たちも朝ごはんはしっかりと食べさせるのですね。そして夕方には、早めにスヤスヤと寝かせてしまうようです。

先日、『とまと組』のお弁当の様子をのぞいていましたら、数人の子が小さなおにぎりを食べていました。そのおにぎりの中には、ゆかり、ゴマ、カツオ節、コンブ、ちりめんじゃこなどが、栄養たっぷりに混ぜられていました。とてもおいしそうでした。このようなおにぎりは、栄養的にもよいし、これからのうっとうしく食欲の落ちる季節にはぴったりです。

きれいな匂い

今年は例年よりクモの巣が多いように思います。それとも雨が多いので、雨の〝しずく〟がクモの巣に残ってアチコチに目立っているのかもしれません。

ゼニアオイの茎の間に張られたクモの巣についた水滴、レースのようなクモの巣に散りばめられたしずくは、本当に美しく朝の光に輝いていました。そこに泥んこの水たまりで手足を汚した子が三人ばかりしゃがみ込んで、

「きれいだなあ」

とじっと見入って、間もなく水たまりに戻って行きました。

お尻から糸を出しているクモの糸を手につけてユラユラさせて歩いていると、細い糸は目に見えにくく、わたしが手を上にあげるとクモも上がり、下にするとクモも下

がるので、子どもたちは不思議に思ったようです。やがてテラスに降りたクモは縮んでしまいました。

子どもたちは、

「クモって縮むんだね」

「かわいそうだから逃がそう」

という〈逃がそう派〉と、

「この入れものに入れろ！」

という〈飼おう派〉に分かれました。

〈逃がそう派〉がどうやら勝ったようで、外へ逃がしたところがそこは水たまり。アメンボウとまではいかないまでも、水面を泳ぐ姿を見て、

「クモが泳いでいるぞ！」と大発見でした。

少し前のこと、カレンダーでつくった剣を振りまわしていたかと思うと、テラスに生けてあったアジサイに顔を近づけ、

「きれいな匂い」

とつぶやき、また剣を振りまわし始めた子がいました。

また〝タラの芽〟を食べて、

「先生、きのうの〝葉っぱ〟おいしかったです！」と言った子がいました。

園庭にはタラの芽の新芽が次々と伸びています。ＳさんとＴさんは、こっそりとタラの芽をたくさん摘んで家に持ち帰り、天ぷらにして食べました。

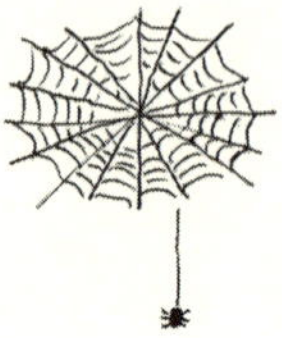

意外性と期待感

先日のお芋掘り、土の中からつぎつぎと出てくる鮮やかな赤い色の、そしてさまざまな形をしたお芋に歓声を上げながら、たくさん収穫できました。しかも、土の中のどこから現れるかわからない意外性と期待感……。

お芋が現れるたびに歓声があがります。どうやら子どもたちにとって、土の中で育つ野菜の収穫は、コマッツナ（小松菜）などとはまた違った喜びがあるようです。土にまみれて畑をかきむしっている姿は感動的でした。日ごろの遊びのたまものでしょうか？

穴掘りのような土の耕しからはじまり、畝づくり、苗植え……。作業の途中、土の中にいるクモやミミズ、ハサミ虫といった虫との遭遇。今年は本当に珍しくトカゲがいました。そして畑の黒い冷んやりとした土の感触……。

サツマイモのツルは強くて引っ張っても切れないことなど、お芋掘りの中でいろいろなことを体験しました。そして何よりも活動が友だちとの協力の中で行なわれることと、最終的には「食べる」ことが待っていることが大きな楽しみです。

幼児の栽培活動は、上手に野菜をつくることが目的ではありません。おいしいのがたくさんとれることはうれしいことですが……。

六五粒のお米

園庭の真ん中の小さな田んぼで、毎年お茶碗一杯くらいのお米を収穫しています。しかし今年はスズメがつついてしまい、前日まで垂れていた穂が、翌日はすくっと立ってしまったのです。

担任と子どもたちが考えて作ったスズメよけが、かえってスズメがお米を食べやすくしてしまったようです。横に渡した板にとまって、これは便利！　とばかりにつついていました。

慌ててハサミでの稲刈りとなりました。子どもたちはお米を穂から離したのですが、ほとんどは中がからっぽです。それでも子どもたちは中身の入った粒を選び出し、ひと粒ひと粒ていねいに並べてかぞえたところ、全部で六五粒でした。

例年であれば、すり鉢とすりこぎを使い、殻を取り、子どもたちは口を小さくつぼめて注意深くフーッと息を吹きかけて、軽い籾殻《もみがら》を吹き飛ばすのです。しかし、このときはそうすることもなく、指先をとても器用に動かして殻をむき、お米を取り出しました。固形燃料と小さなお鍋を使ってやわらかく煮て、ひと粒は虫たちの仏壇に供えたりしてから子どもたちは、ひと粒かふた粒を口に入れたのですが、もったいなくて、噛んで飲み込むことができず、迎えにきたお母さんに見せるまでは、噛まないよう、飲み込まないよう口を半開きにしたままでいたそうです。

その後しばらくして、取り残した穂が少しついたワラ束をたくさんいただいたのですが、それに「お米がついている」といって、ていねいに集め、籾殻を取って口にする子や、ハンカチに包んで、「家に持って帰って、ごはんのなかに入れてもらって食べるの」という子がいました。園のお米が順調に収穫できたときには、このようなことはありませんでした。

たった六五粒でしたが、そのひと粒ひと粒が子どもたちの心の中で、小さな芽を出していたのではないかと思いました。

遠望するまなざし

ある秋晴れの日、公園を歩いていてハナミズキ（花水木）の林にさしかかりました。ちょうど午後の日差しを受けて、赤く色づいた葉がとても美しく、〝赤い夢〟の世界にいる心地でした。

赤い葉の間には、来年の春に咲く白っぽい蕾《つぼみ》がいっぱい上を向いてついていました。まだ枝についている葉に守られていますが、やがて木枯らしが吹くと赤い葉も落ち、この蕾たちは冷たい風に吹きさらされることになるのでしょう。

しばらくのあいだ赤い葉に見とれていましたが、ふと地面の上を見ると〝赤い実〟が一面に落ちていました。小さな蕾は来年の春開くでしょう。

しかし地面に落ちた実は、このうちいく粒が芽を出すことができるでしょうか。もし芽を出すことができたとしても、樹木として成長できるでしょうか。大きな木となるには何年もかかるのです。ハナミズキはそんなこと考えているのかいないのか、黙々と地面に実を落としています。

この光景を見ていて、この木は次の、そのまた次の世代のことをしっかり考えているように思えました。

そしてこれを私たち人間の世界に置き換えてみると、私たちはハナミズキの木に見習うものがあるように思います。「遠望するまなざし」とはいかなくとも、目先のことばかりでなく、ずっと先のことも考えてみる。そうすると、見直すものがたくさんあるように思います。

五〇年の眠り

わが家の庭に夏のころ、今まで見かけなかった植物が生えてきました。アオギリのような、アサ（麻）のような、ヤツデ（八手）のような……。しかし、そのどれでもありません。「何だろう」と思っているうちに、一一月の新聞で〝ひまし油〟を採る「トウゴマ*」（唐胡麻）ということがわかりました。若いお母さんには「ひまし油*」などという名は初耳かと思います。

「なぜここにトウゴマが?」……。

じつは、わが家には生ゴミ捨て場（コンポストの昔版）があり、小さな虫が湧き、子どもたちが飼っているカマキリやカエルのエサとなって役立つこともありますし、下のほうの土は栄養たっぷりで最高です。もう戦前のずっと昔からここに生ゴミを捨てていますので、貝塚のようになっています。

最近、今ではもう土になってしまったこの生ゴミを草木にやったのです。その中に「五〇年前」のトウゴマの種が混じっていたのかもしれません。すると、この庭に生えたトウゴマは五〇年の眠りから覚めたということになります。

＊トウゴマ：唐胡麻、アフリカ原産のヒマとも。トウダイグサ科の植物。完熟した種子は蓖麻（ヒマ）子と呼ばれ、ヒマシ油を製する。四月ころ播種、八〜二月収穫。
＊ヒマシ油：トウゴマの種子に含まれる脂肪分。特異臭のある黒色透明な粘り気のある液体。主成分はリシノレイン（グリセリンのリシノール酸エステル）。下剤として服用。

プライドが許さない？

ちょっと時間のある時に、小さな紙に花や虫などの絵を描いて、わたしの机のところに遊びにきた子や、何かのごほうびとして子どもたちに渡しています。

あるとき、年中組のNちゃん、Aちゃんたち数人がやってきたので、

「カード、どれか好きなのあげる」

と、机の上に広げました。

赤や青、黄緑色で書いた花束のカードはもう一枚しかなく、残りはヘビに虫、オタマジャクシなどでした。Nちゃんがサッと手を伸ばし、

「あたしこれ！」

と花束のカードを取ってしまいました。

どうやらAちゃんも花束のカードが欲しかったようで、ほかに気に入ったものがないらしく、〝ジーッ〟と考えながら机の上を見渡していました。

Nちゃんは、花束のカードをしっかりと握りしめたまま、Aちゃんに、

「これにしたら？」

とオレンジ色と青のヘビのカードを指さしました。Aちゃんは、オレンジ色でもヘビじゃイヤなのです。

Nちゃんはしばらく考えていましたが、

「これあげる！」

と自分の花束のカードをAちゃんに差し出しました。自分が先にとってしまったことが申し訳なく思えたのでしょう。


またある日、年長組のMくんがささいなことから、怒ってボールをBくんの頭にぶつけてしまいました。わたしともう一人、二人の大人と数人の友だちが居合わせたところで謝るのはプライドが許さないのでしょう。

「ごめんね」

とMくんはBくんに言っていましたが、その顔は少しも謝っていない表情でした。

それから二〇分くらいたったころでしょうか？　わたしがプランターのところで草花をいじっていると、

「Bちゃん、さっきはごめんね」

というMくんの声が背後で聞こえました。このときは本当に自分から「ごめんね」と言っているようでした。先の「ごめんね」はいやいやながらのものだったのかもしれません。

Mくんは気持ちを整理するのに二〇分くらいかかったのでしょう。このひと言でMくんもBくんもすっきりとした気持ちになったに違いありません。

小さな出来事でしたが、Nちゃん、Mくんのような気持ちを起こさせるのは、子ども自身の心の成長とともに、大人たちがどう会話し、どう暮らしているかということが大きく影響しているはずです。

ヒトとモノ

子どもたちが人間らしく育つには、〝ヒト〟と〝モノ〟という二つの環境が大切です。

以前にくらべ、子どもたちの〝遊びへの打ち込み方〟が弱くなっていることは感じます。

しかし、モノやヒトに働きかけて遊ぶことのおもしろさがわかれば、受け身的なオモチャに頼って遊ぶよりも、そのほうがずっとおもしろいと感じることでしょう。

そのような遊び方をしているときの子どもたちの表情は違います。また心地よい自然との触れ合いを持ったり、友だちと共感した時の表情もそうです。

幼児期のいま、どのくらいそのような体験を持ったかが、その子の今後に何らかのかたちで影響を与えるものと思います。

追記：先日こんなことがありました。水を強く出したホースの先をギュッと押さえて、できるだけ強く遠くへ飛ばそうとしている子どもたちの集団がありました。はじめは、ただギュッとホースの口を押さえるだけでしたが、うまく押さえれば、ホースの口から水がきれいにふたすじに分かれて飛ぶことを発見しました。しかし、ちょっと手をゆるめるときれいなふたすじの水は一つになってしまいます。これはどうもホースの口だけ押さえたのではうまくいかないことに気づいたのか、何人かで水道の蛇口につけたホースがねじれないように手で持ち上げたり、途中も強く押さえて水圧をあげていました。
子どもたちは、ビショビショになりながら夢中でした。大人にこういうふうに水を飛ばしなさいと言われてやったのではなく、こうするとこうなることを、自分で発見したという喜びがそこにあったからでしょう。

ホームレスとネコ

ときどき散歩に出かける公園の入口に、秋のころからひとりのホームレスの姿を見かけるようになりました。段ボール箱をトンネル状につなげ、屋根もなく、暖をとるものといったら一枚の古い毛布だけです。雨が降ったらどうするのでしょう。

そんな初冬のある日、だんだんと寒くなってくるのでもうどこかに移動したかな、今日はもうあの場所にはいないだろうと思っていたところ、いました、いました。相変わらずトンネル状の段ボールの前に……。

しかし、その日は拾ったらしき雑種の茶トラの〝子ネコ〟をひざに抱いていたのです。ネコの首にはヒモが結ばれていました。ホームレスの知恵ですね。こうすれば湯タンポを抱えているようで、厳しい路上の寒さが少しはしのげるのでしょう。

その後、何回かこのネコを見かけましたが、そのたびに〝茶トラ〟はすくすく育って、いまでは成猫《せいびょう》の大きさになっていました。

そしてもうひとつ、そのネコの表情がとてもいいのです。そのホームレスにとって、かけがえのない温かさをくれる同士として、大事にされているのでしょう。いつも幸せそうな、うれしそうな表情でひざに抱かれて眠っていたり、自分の首につながれたヒモにじゃれついていました。

ネコにとっては飼い主が金持ちであろうが、誰であろうが関係のないことなのでしょう。ただ自分を本当に可愛がり、必要としてくれる人と心地よい場所があれば、それでよいのでしょう。子どもに置き換えて考えても、同じことが言えるのではないかと思った出来事でした。

あそびは模倣から始まる

シクラメンの鉢にお水をやっているときのことです。この鉢は底に水をためるかたちの鉢です。

「何してるの?」……。

お花たちがこのお水を飲むことを伝えると、たくさん咲いているお花を見て、

「分けて飲むの?」

はじめは「何のことかな?」と思いました。大人であるわたしには考えられなかったこの子のことばに、三歳児の心をかいま見たように思いました。

新学期を迎えて半月近く、新しい環境の中ではじめてのことに出合い、考えたり、喜んだり、とまどっている子どもの姿を見かけます。砂場に行くとき、はだしになっ

て歩いて「くすぐったい」という子、「痛い」という子、はだしになって土の上など歩くのは初めてでの子もいることでしょう。

年中児が盛んに砂場で土木工事のようなあそびを展開しているかたわらで、三歳児のSくんが片手にシャベルを持って「仲間に入りたいなー」という表情で黙ってじっと立っていました。

「とまと組の子はダメだよ、見ているだけ」

Sくんは言われるままに、じっとそうしていました。

友だちの〝あそび〟を見ることから刺激を受けることもあるのです。あそびは〝模倣〟からはじまるとも言いますから……。

集団の中に入ると、生活習慣など、いままでの生活がそのまま出てしまいます。とくに衣服の着脱やクツについては顕著です。自分で着ようとして「できないよ～」と大声をあげたり、自分で頑張って着て、前後だったり、裏返しだったり、ボタンをかけ違っているというのはほほえましいものですが、ただ呆然として「着よう、履こう」という意欲がまったくない子がときどきいます。

自分のことは自分でできるように、これは集団の中で身につけることではなく、家庭の中で一対一で育つものですが……。

オタマジャクシとヤゴ

田んぼの〝オタマジャクシ〟をのぞいてみると、手足が生え、すでにカエルになって田んぼを跳び出したものもだいぶいるようです。しかしカエルの姿になる途中で、白くふやけて水底にひっくり返っているのも何匹かいます。エラ呼吸から〝肺呼吸〟に移行するこのときが難しく、それがうまくいかないと、このようになるそうです。カエルになりかかったオタマジャクシが登れるように、石で〝山〟をつくってあげたのですが……。これも寿命なのでしょうか。

今年のオタマジャクシは、カメラマンの加藤さんがどこかで卵を手に入れて、こっそりこの田んぼに入れてくださったようです。卵からオタマジャクシになったばかりのころ、子どもたちがかき回して触り、しっぽが切れてしまったことがありました。

これを加藤さんに話すと、

「どうせしっぽなくなるんだから、いいんじゃない」

「そういうもんじゃないんですがねー」……。

これはもちろん加藤さんのジョークです。

みなカエルになって元気に飛び出していくといいですね。

また、この田んぼの中にはまだ何十匹という〝ヤゴ〟が潜んでいるはずです。ヤゴは水面に出ている草や棒などを伝って登っていき、そこで〝トンボ〟へと脱皮します。ですから田んぼの中に棒を立ててあるのです。

先日、あれはオニヤンマでしょうか、立派なトンボになりました。またいつの間に脱皮したのか、抜け殻がいくつか浮いています。

もうすぐイネ（稲）を植えますが、あの水面をじっと見ていると、いろいろなものが見えてきます。クルクル動く赤いイトミミズ、ミジンコ、のっそり歩くタニシ、泥の中を歩くヤゴの気配……。

水の中はにぎやかです。

テントウムシとクルミの木

今年は園の周辺に〝テントウムシ〟（天道虫）が大量に発生しました。少し前まではまだ幼虫で、家の中でも這いまわっていました。それがいま、盛んに脱皮し成虫になっています。

そのほとんどは、二つ星のテントウムシとニジュウホシテントウムシのようです。ニジュウホシテントウムシはとくにナス科の植物を食べる害虫だそうで、園舎の裏や竹の子村の塀にたくさんいます。

これは気候の影響か、それとも天災の前触れかと思い、杉並区立科学館の方にお聞きしたところ、

「昆虫は卵をたくさん産むんですよ。そして運よくぜんぶ育ったんですね」……。

木の治療をした次の日、門を入るお母さんが、
「強い風で倒れちゃったんですかー」
「削っちゃったんですか?」
そして子どもたちが、
「これ、どーしたの〜?」……。

じつはこのクルミの木、樹齢間もなく四五年になります。葉はよく茂り、実もよくなるのですが、幹の部分がどうもおかしい。そこで樹木の専門家に相談して治療したわけです。

南側の幹は芯の部分まで柔らかくなっていて、もうダメかもしれません。北側の元の木は、芯の部分はしっかりとしているのですが、皮の部分が傷んでいるので、その部分をすっかり取り除き、薬を塗りました。

ですから根元の太さはほんのわずかで、この部分から水分を吸い上げて本体を保っているので、木としては大変でしょう。

この木の二代目として何本か植えました。元気に育ってほしいものです。

木も人間と同じで、人の愛情や関心に左右されるそうです。ときどき治療した部分

をなでて、「元気になってね」と励ましてあげてください。秋になるとおいしいクルミの実をたくさん落としてくれる木ですから……。

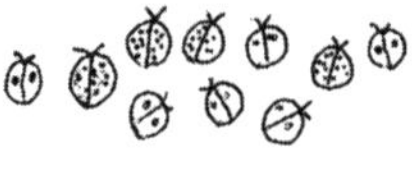

アリってどうやって穴を掘るの？

毎年六月になると〝カマキリ〟の赤ちゃんが生まれたり、プランターの野菜に大小たくさんの〝青虫〟が発生したり、そのほかアリやダンゴ虫の動きも活発になります。今年は〝ミミズ〟が少なく、〝テントウ虫〟が大量に発生しています。その活発な自然界の動きに触発されるということもあるのでしょう。子どもたちの心や体にも〝勢い〟がついてきています。

五月末の日ざしの強い日のことです。

園庭の一カ所に毎年アリたちが巣をつくる所があるのですが、この巣穴にアリが出入りするのをしゃがみ込んでじっと見ていたTくん。何を思ったのか、とつぜん足でこの穴を踏みつけて壊してしまいました。

「外にいるアリがうちがわからなくて困っているよ」

と、無言のTくんに話しかけ、二人でアリの動きをしばらく見ていました。

はじめ二〇匹近くのアリは、穴の入り口を探して右往左往とあわてている様子でした。が、やがて数匹のアリが土に埋もれながら力を合わせて一カ所を掘り始め、アッという間にふさがれた入り口を探し当ててしまいました。アリはどのような感覚を持っているのでしょうか？　不思議ですね。

「アリってどうやって穴を掘るんだろう？」……。

アリが穴にもぐって少したつと、口に小さな土の〝かけら〟をくわえて、穴から少し離れた所に〝ポイッ〟と置いては、また穴に、という動作を延々とくり返すのをじっと見ていました。するとポツリひと言。

「穴の中どうなっているんだろう？」

Tくんはもうアリの巣を壊さないでしょう。

虫にとても〝興味〟を持っているから、アリの巣を壊したりするのだと思います。

虫に興味のある子は、はじめはアリを踏みつぶしたり、ミミズを切ったりして殺すこともあるかもしれません。

「まあ残酷！」と思わないでください。子どもたちには、「いま、しておかねばならないこと」があるのです。

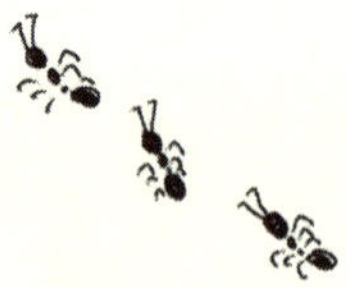

いましていることに関心を持つ

「幼児画の見方」二回目の話を終えた翌日のこと、Yくんのお母さんが、

「これ見てください」

と言って、Yくんの描いた絵一枚一枚についてとてもうれしそうに話してくれました。そのなかには、初めて描いた〝お母さんの顔〟もありました。絵は七枚あり、筆圧もしっかりとしていました。

「この日はサインペンを使ったので、スルスルと気持ちよく描くことができたのでしょう」

と、お母さん。〝心が安定〟しているときの穏やかな線でした。

一日にこんなに楽しい絵を〝七枚〟も描いたことにびっくりしました。

これは、お母さんが子どもの描く絵に〝興味〟を持ったことも、多分に影響しているのではないかしら、と思いました。

お母さん、いつもなら何気なく見ていた絵。しかしその日はとくに興味を示し、楽しい会話をしたのでしょう。お母さんが自分のすること＝自分に〝関心〟を持ってくれているということを、Ｙくんは感じたのだと思います。

子どもが「いましていることに関心を持つこと」が子どもの心を育てるその一例です。

ヤゴ探し

先日、年長児がイネ刈り（切り）をし、ただいま稲を干してあります。

この季節、スズメやムクドリなどの野鳥たち、実のなる木も少なくなりエサに困っているのでしょうか？　干したイネ、鳥たちにだいぶ食べられてしまったようです。このイネが特別においしいのでしょうね。

「実るほど　頭の下がる　稲穂《いなほ》かな」

中が空っぽのものがあります。今年は頭が下がるほど実っている穂は、ほんの少しとなってしまいました。ほんの少しでもお粥などにしたら、美味しく香りがいいことでしょう。

ハーブ類は〝生命力〟が強く、とくにレモングラスなど切ってしばらくすると、葉が勢いよく伸びてくるのですが、イネはそれ以上に強い生命力を持っているようです。子どもたちが切ったあとの稲の切り口……。三〇分後には中の芯の部分が一センチ近くも伸びていました。その芯は細いものですが、今ではもうきれいな緑色に伸びています。この切り口から伸びて穂が出たものは穭《ひつじ》というのだそうです。

田んぼの中にはまだまだ小さな〝ヤゴ〟（トンボの幼虫）がたくさんいると思います。たくさんのトンボが九月のはじめ、この田んぼの近くを飛びまわっていましたから、ここに産卵したのですね。まだほんの五ミリにもならない赤ちゃんで、子どもたちに、

「赤ちゃんだからハイハイしてるね」

と冗談を言うと、

「本当だ、ハイハイしている！　小さくてかわいい！」……。

増えすぎてとった水草に絡《から》まった〝ヤゴ探し〟にしばし熱中していました。

この草や、ワラの切りくずにもまだヤゴがいるかもしれないので、草やワラくず、タライの水の中に入れてあるのです。

よせるの、よせるの！

このごろ、子どもたちの活動のなかで〝食べる〟ことが多い。スイートポテトひとり五個つくることや、人数分できたら焼き芋が食べられることなど、食べることは〝数〟や〝大きさ〟などとも関係してきます。

四歳児と五歳児のグループが第二グラウンドで〝焼き芋〟をした時のこと。焼けたお芋を段ボールの上にのせて数えていました。五歳児でもはじめはバラバラのお芋を無秩序に数えるので、一つのお芋を二回数えたりで、なかなかぜんぶを数えられません。

やがてひとりが、

「よせるの、よせるの！」……。

何のことかと思ったら、一度数えたお芋は別の段ボール片に乗せて、よけることでした。

数年前のこと、やはり五歳児、何十個というお芋のうまい〝数え方〟を考えた子がいました。並べて一〇個になるとそこに「棒をおく」ことや、一〇個ずつ「かたまり」に分けて数えることでした。

スイートポテトをつくるとき、練ったお芋のかたまりを五つに分けて並べることは、三歳児にも四歳児にも難しいものです。三歳児には丸めてお団子にすることがやっとで当たり前。そんななか、五個どころか一〇個以上ずっとつくり続けて並べていく子がいました。

Kちゃんは一二個つくってしまいました。まず右から数えて一、二、三……一〇まで数え、残り二つを指さし、

「まだやってない」……。

そこで今度は反対から数えてみました。前と同じで最後の二つを見て、

「まだやってない」……。

そこでKちゃんは残った二つ、一一と一二個目を手の中に握って数えました。一、二、三、四……一〇。

「ちょうどだ」……。

Kちゃんの頭の中にはまだ11よりも大きい数はないようです。

〝数〟のことだけ考えると〝大きさ〟のことが頭から抜けていくし、ものときちんと対応させて数えることも大変です。数えることは子どもたちにとって難しいのです。ところでお料理のあと、子どもたちの手が少し〝きれい〟になって、まるめたお芋がなんとなく灰色っぽくなっていたようなクラスもありましたが、味のほうはいかがでしたか?

寒いときには

最低気温が氷点下になる日が続くのは、このごろでは珍しいことです。寒さが身にしみることや昼間のぬかるみは、ちょっと困るときがありますが、素晴らしいものも見られます。

〝明け方の空〟の美しいこと、群青とオレンジが重なったころです。またとくに冷え込み、空気が澄んでいる晩は、星がいちだんと輝きを増しているように思います。わたしが子どものころ、まだ杉並で〝天の川〟が見えたころとは比べることはできませんが、オリオン、北斗七星、カシオペアなどがみごとです。

ところで、霜どけの〝ぬかるみ〟……。〝霜柱〟ができるのは園庭の東の部分だけで、西側の土には砂が混ざっているのでできないようです。

よく日の当たる所は霜どけで〝グチャグチャ〟〝ヌルヌル〟〝ベチャベチャ〟ですが、日陰は霜柱がとけず、きのうの霜柱の続きに新しい霜柱ができるためでしょうか、二階や三階建てになっているものもあります。そのようなきれいな霜柱や氷、子どもたちが大切そうに集めたり、割ったり、きれいそうな氷をかじったり、さまざまなことをしています。

また園庭を歩くと、クツの底に泥がついて厚底靴のようになったり、ほどよい泥クリーム状の土に足を踏み入れたり、棒で筋をつけたり……。そして土は粘りが強いのでお団子づくりにはちょうどよいようです。

冬の寒さは立春のころが峠ですが、寒い時には「寒さの中での体験」が思い切りできるようにしてあげたいものです。

うそっこ！

「おいしそうなにおい」……。

枯れたセンダングサ（栴檀草）を燃やしたところ、いままで嗅いだことのない香ばしい匂い。お芋の匂いでもなく、お料理の匂いでもなく……。いろいろな匂いを嗅いできたので、このようなことばがふと出るのかしらと思いました。（五歳児）

「先生、時間がなくなるよ！　そんなことをしていると」……。

わたしがお帰りの少し前、折れたエリカの枝をタワシで洗っているときに三歳児のMちゃんが言ったひと言。わたしの立場をどう思っているのでしょうか。

「うそっこ！」……。

『ふくらし粉を買いに』の人形劇をみせていただいたときのこと。「クマに食べられちゃった！」のびっくりした声に、ある子が「そうじゃない、後ろに隠れただけだよ」……。

空想の世界と現実の世界を区別して考えることができるようになっているんですね。そして、そのうえでお話を楽しんでいます。（三歳児）

「それじゃ見えちゃう」……。

三歳児のAちゃんが、担任に段ボールでからだを隠してもらっているときのこと。この言葉は「それじゃ見えちゃうから、からだ全体を隠して」ということなのでしょう。いままでですと、相手が見えなければ、それが〝隠れる〟ことでした。もっと以前は自分で目隠しすることだって〝隠れる〟ことだったのです。（三歳児）

「おー、まちが見渡せる」……。

年長児はとくにたき火のあとの灰の片づけが上手です。年中児も少し上手になってきました。そのたき火のあとの灰は、木の根元や灰の山に運ぶのですが、たくさんの灰を山の上に積んで、そこにみんなでひしめいて登り、このひと言。ほんの少しの高さでも、ビルの屋上のように思うのでしょう。（五歳児）

線がいいな

いつの間にか冬の空から春の〝空〟へ、春の〝光〟へ、春の〝雲〟へ、春の〝風〟へ、そして春の〝土〟へ……。そして足もとの草に、木の芽に、こっそりと〝春〟がおりてきます。今を「早春」と言うのでしょう。

『表現展』を終え、園の中もまたいつもの時の流れが戻ってきました。

お母さんのつくった「絵本」楽しかったですね。一冊一冊読ませていただきました。読みながら感じたことは、子どもの作品に点数をつけることの〝空しさ〟です。いろいろな思いでストーリーを考え、絵を描いたり文章を考えている子どもの心の中を思うと、とてもそのようなことはできません。それぞれに個性的で、味わい深いものがありました。これは「絵本作家」にはつくることのできない、子育てをしているお母さんにしかつくれない絵本だと思いました。

いま小学二年生になっている子のお母さんが、

「今年の杉並区の『書きぞめ展』に、中瀬幼稚園の卒園生が七人も選ばれ展示されました」

と知らせてくれました。

また、六年生の『不思議な動物』という絵が選ばれ、東京都の美術館に展示されたということです。この子も卒園生です。

からだを使ってたくさん遊んでいると、心の中に多くのことをしっかり溜めこむことができると思いますし、よく遊ぶ子は字も絵も「線がいいな」と思います。

ヤンチャ卒園生のその後

毎月、近くの桃井第五小学校や八成小学校より『学校だより』が送られてきます。その中に、ときどき子どもたちのちょっとした文が載っていることがあります。たとえば委員会の報告や林間学校、運動会などの感想文です。そこに卒園生の名前を見つけると「さすがー」と親バカのようなものが働きます。

一年のなかでいちばん興味深いのは三月号です。というのは、間もなく卒業する六年生の抱負や思い出などが一人ずつ載っているからです。今年の三月号にも中瀬幼稚園の卒園生の名前をたくさん見つけました。

今では背も伸びて立派になりましたけど、たしかこの学年は、年中組のとき〝ケンカっ早い〟男の子が何人かいた学年でした。

入園当初、毎日のように腕や顔に〝かみ傷〟や〝引っかき傷〟をつけて帰っていました。

「ケンという字がつく名前をつけるのはやめたほうがいいね」などと笑いあったこともありました（その子どもたちの名前には、みなケンという二文字が入っていたのです）。よくケンカしていたその子たちが、

「友だちと別れるのが悲しい」

「友だちともっと仲良くしたい」

などと書いているではありませんか！　なにかとてもうれしい気持ちになりました。

幼稚園のころ、友だちとのケンカに走るこの〝エネルギー〟を何とか遊びの中で発散できるようにと、担任といろいろと遊びを考えたことがありました。その遊びのなかのひとつに、テラスにロープをたくさん張り、毛糸などのひもを結んで〝クモの巣〟をつくるというものがありました。

ところが、彼らのつくるものときたら、毛糸を丸めての〝爆弾〟などで、それをロープにつけて引っ張るものですから、みんなのつくったものがそこでクチャクチャになってしまうのでした。

「ケンカするほど仲がいい」とか「ケンカしながら仲良しになっていく」と言います。もちろんケンカなどせずに仲良しでいる子たちもいます。「ケンカすること」「トラブルを起こすこと」も、ムダなことではないようです。

そして、卒業式に出席させていただき、背は伸びたけれど、首から上はあまり変わっていない卒園生たちを見ることも、春の楽しみのひとつです。

変身

先日、何人かの子どもたちが田んぼの近くで遊んでいるのに、一羽の精悍そうな〝カラス〟が水を飲みに舞い降りてきました。カラスは〝頭がいい〟ので、いじめた人の顔をよくおぼえているから「追っちゃダメよ！」と子どもたちに伝えましたが、追われても遠くに逃げないで、遠巻きにしてスキをうかがっていました。

心配なのは、カラスが水を飲むついでに〝オタマジャクシ〟を食べるのではないかということです。どうも口ばしでオタマジャクシを突っついているようなのです。

そういえば昨年、朝たくさんいたオタマジャクシが、数時間後、みんな消えてしまったことがありました。これはカラスの仕業だったのかもしれません。

田んぼの中のオタマジャクシたち、とても元気でよく集まっています。たぶんエサを食べているのでしょう。集まっていることが子どもたちには不思議に映るようです。

こうしてカラスから守られたオタマジャクシがカエルに「変身」（四歳児のことば）し、何匹も田んぼから巣立っていきました。今年は例年より早いようです。

カエルの姿をした小さな生きものが、誰に教えてもらったわけでもないのに、スイスイと、しかもとても上手に「カエル泳ぎ」をしている様子は、何とも可愛らしいものです。

スイスイと泳いでは途中で休むためでしょうか、手足を〝ブラー〟と下げて浮かんでいるので、溺れたかと思って突っつくと、また泳ぎ出すカエルもいます。

まだオタマジャクシの姿をしたのもたくさんいますが、小さな四肢が生えています。「エラ呼吸」から「肺呼吸」へと移行するこの時期が難しく、ここで命を落としてしまうことが多いのです。白くふやけて水の中を漂っている姿もときどき見かけます。

そのためしっぽが少し残っているけれど手足が出ているものには、土を高くして陸地をつくってあげ、しっぽがすっかり消えて手足がしっかりしているものには、石など置いてやり、まだ手足もなくオタマジャクシのままのものには、気持ちよく泳げる所をつくってあげているのです。それでも陸のない所でカエルになってしまい、壁を登ることもできず〝アップアップ〟しているのもいるし、やっと石の上に登ったのに、日ざしが強いとからだの水分を取られるのか、石に張りついてひからびていくのもいるので、いつも様子を見ていてやらねばなりません。

カエルになったのを見届けて、一匹ずつ捕まえては子どもたちはすみやすそうな所へ逃がしてやります。しっぽも消えて、カエルになっているものをつかまえて水槽に入れ、竹の子村のエサになる小バエがいるところなどへ放すのです。しっぽが残っているのが見つかると、〝不合格〟とされ、ふたたび田んぼに戻されてしまいます。この中から何匹が大きなカエルに育つのでしょうか……。

それぞれのかたち

ボンちゃんが旅立ちました

ウサギの〝ボンちゃん〟が死んでしまいました。

子どもたちは家からパンやリンゴを持ってきたり、園庭の草を摘んだり、掃除をしたりと、ウサギ当番も順調で、ボンちゃんもとても元気だったのに……。

たった一匹のウサギ、いなくなると寂しいです。

ウサギ当番を通して子どもたちはいろいろなことを知りました。タンポポの葉っぱをよく食べてくれること、リンゴが好きなこと、〝ボンちゃん〟とネコの〝カルちゃん〟は仲がよいこと、カルちゃんはボンちゃんのパンを横取りしていたこと、そしてホウキもかじってしまうことも（これはホウキ草ですから）……。

ボンちゃんは園に来てもう五年目でした。今の五年生が年長の時の五月、〃ジョビちゃん〃と一緒に園に来ました。ジョビちゃんはまだ子どもでしたが、ボンちゃんは大人（?）ということで、五年＋α生きたことになります。だいたいウサギの平均寿命でしょう。眠るように死んでしまいました。

バナナがなりました

ハナミズキの葉の間にひっそりと隠れているバショウ（芭蕉）の木に〃バナナ〃がなりました。大きな花びらのようなものに保護され、その間に小さなバナナがぎっしりと数段並んでついています（残念ですがこれは食べられません）。小さなバナナの先に花らしきものがついていて、そこに甘い蜜があるのでしょう。ハチがそこに飛んできます。ハチはいじめたり、驚かしたりしなければ何もしませんのでだいじょうぶです。「バナナの木」というものはなく、あれは「バショウ」です。バショウにはおいしい実のなるミバショウ（実芭蕉）、幹から糸をとるイトバショウ（糸芭蕉）があるそうです。園のは「イトバショウ」です。茎の皮をずっとむいていくと象牙色をした芯の部分が現れます。この糸でつくったのが「芭蕉布」です。

実（バナナ）がなると、間もなくこの木は枯れてしまいます。でも根が伸びていて、わたしが数えたところ、ほんの小さなものも入れて、いま一〇本のバショウが生えています。はじめの一本は、あおい第一幼稚園の石塚先生が植えてくださったものです。いまではこんなに増えました。

クワの実がなりました

「お誕生会」のとき、「竹の子村のクワ（桑）の木に実がたくさんついた」と子どもたちに知らせました。赤い実はまだ〝酸っぱく〟、黒い実は〝甘い〟ことを話すと、食後、おおぜいの子が必死の目つきで桑の木に群がっていました。

甘酸っぱく、いかにも「自然の恵み」という味です。

くだもの屋さんの店先に並んでいるものでなければ〝くだもの〟でないと思っている子が増えている昨今、木から直接もいで口にする経験をできるだけさせてあげたいものです。まだこれから黒くなる実がいっぱいです。高いところは鳥たちが食べるのでしょう。

天国で会おう

ウサギの〝ボンちゃん〟が死んでからもうだいぶ経ちました。このごろ、ボンちゃんのことが子どもたちの話題になることもほとんどなくなりました。

いなくなってしばらくの間、わたしがパンジーを摘んでいると、

「ちょうだい、青いのボンちゃん好きだから」

と言った子がいました。

また、竹の子村へ入ると、自然に足がボンちゃんのお墓のほうへと向き、手をあわせている年長児たち……。ハッとさせられます。

ボンちゃんが死んでしまったとき、

「天国で会おう」

「ボンちゃんどうしたら死なないか、知っていればよかったのに」

ということばも聞こえてきました。

年中児のKちゃん、

「ボンちゃん骨になったら、天国へ行っても骨のままなの？」

そうお母さんに話し、土の中で眠るボンちゃんの絵を描いたり、何日もお花を供えていました。

子どもたちはウサギが死ぬと、

「目があいたままだ」

「からだが固くなっている」

「冷たい」……。

反応がいつもと違うことはわかりますが、それを取り巻く大人の対応、受けとめ方により〈死は悲しいもの〉〈生きているうちに大切にしなければいけないこと〉を少しずつ知っていくものだと思います。

秋の香り

少しずつ秋が深まってきました。ある晩一〇時過ぎに園に来ました。用事を済ませて少し庭を歩いていたところ、草むらやプランターの草花に「夜露《よつゆ》」が降りて、たった今とてもていねいに霧吹きで水をかけたように、しっとりと濡れているのです。久しぶりに手にする感触でした。

夕方、日が沈むまで外で遊んで、時にはこの露を手に感じながら家に入った子どものころを思い出しました。そして、夏の早朝の露のことも……。

このごろ急に、朝晩冷えるようになりました。そのせいで空気中の水分が冷やされて、葉っぱなどに露となってつくのだそうです。

秋の夜露には、夏の夜露とはまたひと味違った風情があります。

この晩、バショウ（芭蕉）の葉の裏の、「バナナ虫たちはどうしているかな?」と虫たちの下に手をかざしてみると、昼間は群れをなしてみんなで〝ピューピュー〟とオシッコのようなものを飛ばしていたのですが、何も飛んできません。バナナ虫は「眠っているのかしら」と思いました。

あちこち歩き回っていたら、何となく〝秋の香り〟なのです。昼間ではかぐことのできない秋の香りが、園庭中に満ちていました。梅雨のころ、雨の日の竹の子村は別世界に変容しますが、秋の夜の園庭もまた「別世界」だと思います。

ススとり

たき火にのせて使った大きなお鍋の底に砂をつけてこすると、「スス（煤）」がよく取れることを子どもたちが発見したのは、何年前のことだったでしょうか。それまではお水をかけながら、タワシでゴシゴシとこすっていました。あるとき、誰かが砂粒をつけるとおもしろいようによく取れることを発見しました。そこでほかの子もこれをやりはじめ、それが園の「伝統」となり、今に至っています。これを発見した子は、たぶん自分の〝遊び〟にヒントを得たのでしょう。

今年の〝ふかし芋〟で使ったお鍋も、例によって砂粒をつけゴシゴシとやっていたところ、

「おっ！　手でやるほうがきれいになるぜ」

「あれ、本当だ！」……。

はじめはタワシに砂粒をつけてみがき、それでも取れない部分や取っ手の付近などは、手のひらに砂をこすりつけてこすったほうがきれいになります。

大人から見て、「こんなこと」と思われるようなことを、子どもたちは〝大発見〟と感じ、心躍らせているようです。子どもの大発見と、大人の気持ちがすれ違わないようにしたいものです。すくなくとも友だちと砂や水や土で遊ぶ機会を奪われて、ピアニカや鼓笛の練習をさせられたら「いやだろうな」と思います。

子どもの〝大発見〟は遊びの中にたくさんあります。たとえば「焼き芋」、中まで焼けたかどうか棒を刺してみることを考えた子もいましたし、たくさんの焼けたお芋を数えるとき、ずっと並べ一〇個ずつ棒を置いて、一〇個のかたまりにして数えやすくした子もいました。

今日は年長組のAちゃんが、バラバラに置かれたお芋を五個ずつに分けてから数えることを考えました。

どのようなことでも、〝自分〟の力で考え出したことは、その子の〝力〟になるように思います。

火事だ、火事だ！

ここのところ、寒さと暖かさが交互にやってくるような日が続いています。

先日、ひさしぶりの雨の翌日、暖かな日差しに鳥小屋の屋根や、横にしてある太い木の幹などから〝湯気〟が立ちのぼるという現象が見られました。

子どもたちは、煙のようなものイコール〝火〟と思ったのでしょう。ちょうど小さな〝たき火〟をしていたわたしに、

「火事だ、火事だ！」

と伝えにきました。

でも、この煙のようなものは〝火ではない〟ということがわかっていた子も、三〜四歳児の中にはかなりいたようですが、子どもたちはまだそれを言葉でしっかりと説

明できるような力はありません。

とまと組の男の子が、

「あれはね、水に光があたって、冷えて煙がでるんだよ」

とつぶやいていました。小さいのになかなか考えているな、とおもいました。

今はまだ冬なのに、サクラソウの花が少し咲きはじめたり、暖かな日があったり、冬眠中のカエルが目をあけてほんの少しうごいたり……と、冬と春が交錯したような状態の中で起こるいろいろな現象を、冬なのか春なのか「どっちなのかな」と不思議に思っているようです。

子どもたちと過ごしていると、そのような自然界の力を借りて、おもしろがったり、不思議に思ったり……と、〝考える力〟が育っていくことを実感します。

声が当たる

子どもたちは〝食べもの〟がからんでくると、数や量、大きさなどに対してとても真剣になります。たき火でおせんべいを焼いて（あぶる程度ですが）食べたときもそうでした。

「まだ食べてなーぃ！」

「あたしもー！」

「ほしーぃ！」

「ちょうだい！」……。

手を伸ばして〝叫ぶ声〟、食べたいという本能むきだしの〝自己主張の声〟、叫ばないとほんのひとかけらのおせんべいが食べられません。

このような〝興奮〟したときの声はとても高いようです。生活経験が豊富ですと、いつも落ち着いてはいられないので、感情の変化に伴い高い声、低い声などの音域が広がり、声にも「表情」がつくのでしょう。

〝声〟にもその子の人柄や姿勢がうかがえます。すこし難しい話になりますが、心理学的に、話し方や声によってその感情表現の程度がわかるそうです。たとえば、好意を抱いている人には〝優しい〟声で、いやな感情を抱いている相手には言葉・音声も〝荒々しく〟なるというのです。

それから「音声や話し方は性格の認知の手がかりになる」と心理学では考えられています。ある学者の研究によると、日本語のわからないアメリカ人に、怒りとか悲しみ、冷やか、軽べつ、愛情などの感情を込めた日本文を朗読したところ、軽べつを除いたほかの感情はかなりな正確さで伝達されたといいます。

音声や話し方から一時的な感情を知るためには、その人のふだんの話し方や音声を熟知していて、それを基準に判断されるというのですが、確かに私たちの日常生活のなかでもしばしば話し方や音声によって、その人の今の感情がわかることはだれでも経験があると思います。

それから「声」のことですが、声というのは相手に届けばいいわけです。逆にいえば相手に届かないといけない。その〝届く〟という感覚が大事です。たとえば、教室で子どもの姿勢が悪くなっているとき、いわゆる背中が丸くなって悪い姿勢になっているときは、じつは先生の声が届いていない。

また、これは狂言をやっていらした方が話していたことですが、狂言の稽古で歩いていて後ろから呼びかけられたとき、ちゃんと稽古している人だとその声が背中に当たって、自然に足が止まるのだそうです。訓練のない人だとそれができない。〝フワーッ〟と行ってしまうのだそうです。

ですから、お母さんたちはつねに子どもに対して声が〝からだに当たる〟ようにして育てなければなりません。お母さんが子どものほうを向いてしゃべらないと、子どもはお母さんの声をからだで感じないまま大きくなってしまいます。「ゲームばっかりに熱中している」と嘆く前に、じつはお母さんの声が子どもに届いていないのかもしれません。

鬼はーウチー

ポールにぶら下がっている大きな〝鬼〟を見つけて、門を入るのを少しためらう子、いつもは門のところからひとりで行くのに、今日は連行されるように保育室に連れて行かれる子……。「子どもたち怖いだろうなー」……。

朝の集まりの前、庭を歩いている『どんぐり組』の二人連れが、「どんぐりは、泣くことも隠れることもできないんだよ」……。

顔は平静を装っていますが、心の中は不安なのです。

ホールでの集会、今日は鬼が来るかもしれないので、いつもなら緊張せずくつろいでイスに座っている子も、神妙な顔で背中は心なしかいつもよりピーンとしています。

「節分」のお話やペープサート（紙人形劇）のあと、「鬼をやっつけなくっちゃ！ しっかり豆を投げて、戸をしっかり閉めなくちゃ！」という気持ちが強くなります。

それぞれの保育室で、自分の年の数だけ豆を食べ、友だち同士安全そうなところに固まったり、段ボールに隠れたり、いつ鬼が現れても大丈夫（？）かなと思われるところに、鬼登場……。どのクラスも無言となり、視線は〝ジーッ〟と鬼の動きを追っています。

その鬼、まず全クラスを威嚇して回ったあと、『さくらんぼ組』に乱入。ここでは連れ去られそうになった子もいて大乱闘になったが、泣く子も出ず、鬼もタジタジになって退散。戸をしっかり閉めて思わず子どもたちと「やった～！」。

しかしこのクラスには鬼が二回現れた。なぜだろうか？

とんだ災難にあったのが『たんぽぽ組』。前日につくった怖い鬼の面に「お守りください」と手を合わせたにもかかわらず、このクラスでは泣かない子の数を数えたほうが早い。担任の背中、足、腕、ところかまわずしがみつき、運悪くあぶれた子はどうしていいかわからず、宙をさまよっていました。

そして、とくにかわいそうだったのがMちゃん……。

一心に床に落ちた豆を集めて、「鬼はーソトー」と元気よく投げていました。

とそのときです。何者かがMちゃんの背中を〝トントン〟と叩きました。混乱のなかMちゃんが振り向くと、目の前一〇センチほどのところに〝鬼の顔〟があったからたまりません。このあとのことはご想像におまかせします……。とにかくこのクラスはメソメソというよりも、〝泣き叫ぶ声〟が園のなかに響きわたっていたのです。

ところで、毎年気をつかうのが『とまと組』です。泣く子ももちろんいましたが、まあ何とか難を乗り越えました。そして『さくらんぼ組』や『たんぽぽ組』に鬼が入っていくのを見て、

「おれの知ってる子がさくらんぼに二人いるんだ、どうしてるかなー」

「おれの知ってる子がたんぽぽに一人いるんだ、だいじょうぶかなー」……。

被災地の友の安否を気づかう子もいました。

意外だったのが『どんぐり組』。最年長児であるにもかかわらず、友だち同士しっかりと固まって、鬼に向かって飛び出してくる子は二〜三人だけ。豆を投げつけたり、鬼にやられたり、すったもんだをくり返していると、担任が正座したまま鬼に左手を引っ張られ、つぶれた豆の油ですべる床をスルスルとすべっていきます……。「さあ、どうする！」……。

去年の年長組は担任が連れて行かれたとき、誰も助けてくれませんでしたが、今年はどうでしょうか?

今年はみんなで反対の右手を必死に引っ張り、一時は腕が抜けるかと思ったくらい両者本気でしたが、ふたたび子どもたちのほうへスルスルと引き戻されたのでありました。「どんぐりさんは優しいな」……。

子どもたち、「カルちゃんはうまいところに隠れてる」と言ったそうですが、カルちゃんはテラスの一段低くなっているところで寝ていただけなんだけどなー。

あれほど「まちがえるなー」と言っておいたのに、あるクラスから、

「鬼はーウチー」

と叫ぶ声がしました。

「あーあ」……。

鬼と楽しく仲直りして、いっしょに踊って、鬼たちは握手ぜめにあって、子どもたちと「さよなら」をするとき、わたしはつい、

「また遊びにきてね」

と言ってしまいました。

すると、

「またくるの〜?」……。

と、とても困った顔をした子がいたそうです。やはり鬼は〝イヤ〟なんですね。

ちょっと「やり過ぎかな」と思いましたが、マシュマロのようなお楽しみの世界ではない、「辛口」の場面も必要かと思うのです。

正体を現した鬼たち（母親たち）は、

「こんなこともうできない」

と言って、愉快そうにお帰りになられました。

追記：「小学校に行くのはイヤだ」という子がこのごろ少なくなってきたのは、鬼が以前よりも怖くなってきたからのように思います。「小学校には鬼こないんだよ」という声を、ときどき耳にしますので。

リアリズムの世界

赤ちゃんは自分の目の前にあるモノの「正体」が何かわからないので、何でも口にし、なめまわし、手でもてあそび、そして〝こわして〟いきます。

幼児もまだこの時代を引きずっています。

園庭の田んぼに張った薄氷を、お友だちと一緒に割れないようにしてやっと引き上げ、まぶしい太陽の光を透かしてみたり、形のおもしろさや、枯れ葉などが一緒に凍っていること、そして透明なところと白いところがあることなど確認したあと、「せーの！」で土の上に勢いよく落として割ってみる。ガラスの割れ方とは違う、氷独特の美しく優しい割れ方に心惹かれるのでしょう。寒い朝、そこここでこの光景がくり返されます。

この「なんだろう?」「どうなるのかな?」と思う気持ちが、子どもたちの〝行動する力〟〝考える力〟につながってもいくのでしょう。

大人はもう遠い記憶のかなたに忘れかけている世界、決して夢のようなことばかりではない、子どもたちの「リアリズムの世界」がそこにあります。

これ燃える？

この冬もよく〝火〟を燃やしました。

今年は植木屋さんに切っていただいたアジサイの枝が、園舎の裏に山のように積んでありましたが、もうほとんど燃やしてしまいました。子どもたちも、自分の身長よりも長い枝をズルズルと引きずってきては、年長児などとても上手に折って火の中に入れることができるようになりました。花がついていた先のほうから折ると折りやすいこともわかったようです。この枝は煙も出ずによく燃えます。

たき火をはじめると決まって、

「先生！　何か忘れてない？」

と言ってくれるAくん。

「あっ！　そうだった、お水」……。

するとすぐにジョウロにお水を入れて火のそばに置いてくれます。

大きくなったら消防署の人になるか、警察の人になるか「迷ってる」と言います。

たくさんの灰ができると焔《ほのお》が消えますが、

「こうするといいよ」

と、あるときKちゃんが言いました。灰の山に少し穴をあけ、穴に向かって息を吹くとその部分が赤くなり、焔がチラチラするのです。

子どもたちは葉っぱや竹の枝や紙など手にして、

「これ燃える？」

と聞いてきますが、そんなとき、燃やしても大丈夫なものなら、

「燃やしてみたら？」

と答えることにしています。

「煙は雲になるの？」

「灰はどうして黒い灰と白い灰ができるの？」

「土が熱くなってる！」

さまざまな疑問や発見が次々に沸いてきます。

今日は火の中に石を投げ入れて熱くし、それに水をかけていました。石は何度水をかけられても〝ジュウジュウ〟と音を立てていました。最近では灰を使ってお団子をつくると、「いいお団子ができる」と考えたようで、灰の山が少しずつ削られていきます。

先日、東大寺二月堂の「御水取り」*を見に行きましたが、四〇キロもある大松明《おおたいまつ》を振りかざし、回廊を走る〝焔〟と、夜空に鮮やかに舞い散る〝火の粉〟、そして歓声をあげて見つめる〝群衆〟……。背景にあるものは違うかもしれませんが、子どもたちの〝火〟に対する興味と根本のところは同じではないかと思います。

「火には何か人を魅了する大きな力」があるのは確かなようです。そして園の中庭は「囲炉裏端《いろりばた》」となっています。

＊御水取り：東大寺二月堂（奈良市）の修二会（しゅにえ）の行法の一つ。三月十三日未明、閼伽井屋（あかいや）から香水（こうずい）を汲み上げ、仏前に供える。この香水は若狭国（福井県）の遠敷（おにゅう）明神から送られると伝えられる。十二日の夜、上げられた籠松明が舞台に出てクルクル回るのは幻想的。奈良では御水取りが済めば春が来るといわれる。

あんたのうちどこ？

「新入児」たちも、多少緊張しながらも少しずつ園内の好きな場所を見つけ、遊びはじめています。

でも、まだまだ調子よく門を入っていく日もあれば、「幼稚園行くのヤダ！」と言って困らせる日もあると思います。家庭の中で少人数の人たちと過ごした子どもたちが、いろいろな友だちや大人たちのいる場所に、〝とつぜん〟親と離されて置いていかれるわけですから無理もないことでしょう。

慣れにくいお子さんは何か〝小さな楽しみ〟を持ってくるといいと思います。たとえば「幼稚園についたらウサギにあげようね」と、ニンジンやパンや野菜・くだものなど、また「先生にお部屋に飾ってもらおうね」と草花を一輪でもいいのです。そんな楽しみを持って家を出ることで、気持ちも幼稚園へ向かうことと思います。

先日『とまと組』のKちゃんに、

「あんたのうちどこ?」

と聞かれました。

「幼稚園のおとなりよ」

と答えると、

「あたしはあっちへずーっと行って、こっちへ行って……」

またあるときは「おじさん」と言われました。黒っぽいジャンパーを着て、ズボンをはいて、髪が短かければ、その子にとっては当然「おじさん」ですね。

まだまだ、園の中の大人がそれぞれどういう人かはっきりしてないようです。

「お誕生会」のとき、目にした光景です。

お友だちの洋服の可愛らしい模様を見つけ、〝ジィーッ〟と見ているうちに手が出て洋服を触りはじめました。相手の〝嫌がる顔〟など少しも見ていません。

またカーペットに座って、となりのお友だちが〝ギュッ〟と自分のほうにくっついてくると、泣きそうになっている子もいました。これも仲良くなるためのステップのひとつでしょう。新学期ならではの風景です。

〝ゆっくり〟行きましょう。

ある保護者の方から聞かれました。

「うちの子、幼稚園のことなにも話してくれないんです。どうしたらいいかしら?」

……。

そんなとき、もし砂場で遊んだ日でしたら、

「お砂でお山つくったのかな?」

「足にお砂ついているね、お砂って冷たいの?」

などなど、お子さんが〝答えやすい〟ように聞いてみてください。「今日、幼稚園どうだった?」「おもしろかった?」では答えにくいでしょう。

ほかの遊びでも同じです。それでも何も答えなかったら、しつこく聞かないことです。どうも男の子は報告することが少ないようです。

春は苦味、夏は酢の物……

野草、おいしかったですね。ハコベ、ノビル、お茶の新芽、スギナ、ヨモギ、ヒメジョオン、クワの新芽、タラの新芽、クコの新芽、カラスノエンドウ、ヤブカラシ、天ぷらと味噌汁……。

天ぷらをする方の腕もよかったのでしょう。カラッと揚がってとても美味でした。年長組の子どもたちもおすそ分けにあずかり、めずらしい味に〝ガツガツ〟……。

ノビルを生で食べたり、子どもたち〝通〟ですね。

春は苦味——。春の野草を食べると、からだの中にたまったよくないものが、からだの外に出ていくそうです。その代表はフキノトウでしょうね。

ちなみに夏は酢の物——。疲れがとれるからでしょうか。

秋は辛味、冬は油もの——。辛味も油ものも、体が温まるのでしょう。

母がよくこんなことを言っていました。

春先の草むらにフキノトウを見つけて、炭火で焼いて、お醤油をほんの少したらしたあの苦味、新鮮なキュウリをたくさん薄く切って塩でもみ、ワカメやショウガ、ミョウガを入れた酢のもの、サツマイモの天ぷらや温かいうどんにふりかけた七味とうがらし……。なつかしいです。


追記：植物学が専門の吉田誠さんが、「まだまだ食べられるものありますよ」と教えてくださいました。イノコズチ、センダングサ、ツキミソウ（コマツヨイグサ）、クズ、セイタカアワダチソウ……。どれも茹でてお醤油を数滴かけるのが簡単でサッパリとしていますが、お母さんたちがゴマ和えやクルミ和え、クズの新芽のキンピラ……、いろいろ工夫しています。

ツマグロヒョウモンの幼虫も食べているのだからと、スミレの葉を試してみましたら、これもいけます。サンショの実の醤油漬も〝ピリッ〟としておいしいです。

この園庭にあるもので、食べてはいけないのは、スズラン、アジサイ、ムラサキケマン、スイセン、ギボシなどですが、まだあるかもしれません。吉田さんの教えてくださったものは、ほとんどが繁殖力が強く、いつも目の敵のように、切ったり抜いていたものばかりです。

食糧にするものを「栽培」するのではなく、野原に自生しているものを使うだけ採って食べるやり方は、縄文時代と共通するのじゃないかと思いました。最先端のやり方ですね。

ちっちゃいメダカ？

〝オタマジャクシ〟がだいぶ大きくなりました。小さな足が生えているオタマジャクシもいます。オタマジャクシは肉食で、けっこう獰猛《どうもう》です。煮干しを入れると群がります。皮の部分から食べはじめて身をつつき、あっというまに骨だけにしてしまいます。パンも食べます。みんなでつつくとき、パンを押すのでしょうか、パンはクルクル回ります。

かわいいオタマジャクシをカラスが狙っています。水を飲むついでに食べてしまうのでしょう。ですからこの時期はとても神経を使います。子どもたちが〝お帰り〟のころ、オタマジャクシを水槽に入れてカラスから守り、翌朝、田んぼに放します。そして誰も庭を見られないときは、ベニヤ板でフタをすることにしています。

この田んぼは子どもたちが帰って静かになると、格好の水飲み場となり、スズメ、カラス、ムクドリ、緑色のきれいなインコまで水を飲みにきます。子どもたちが庭にいても、ツバメは低空で旋回し、水たまりの水も飲んでいます。

新緑の頃は、生きもの・植物が元気です。そして子どもたちも……。園庭のウサギ小屋のそばにある水の中をのぞいてみました。白い水草の花が咲いている桶の中に、いつかえったのでしょうか、目玉ばかりが目立つ赤ちゃん〝メダカ〟がたくさん気持ちよさそうに泳いでいました。

一週間ほど前のことです。

「ちっちゃいメダカがいる！」

と叫んだ『とまと組』の女の子の声に、

「おかしいな、たしか黒メダカが一匹しかいなかったのに？」

と思いながら近寄ると本当にいました。「ちっちゃいメダカ」が……。本当にびっくりしました。小さい子の視線が地面近くにあるせいか、よく見つけられるのかもしれません。

そして月曜日、年長児たちがそろそろ田んぼに稲の苗を植えるため、ヤゴを救出しながら稲の古株を抜いたり、石やゴミを見つけたり、新しい腐葉土を入れたりと、いつもと違う田んぼの土の感触に、ドロドロになりながら遊びました。

美食家

ウサギの〝ネブちゃん〟。

ネコの〝カル〟がふつうのネコと少し違うように、このウサギも少し変わっているようです。

一匹で飼っているためか人間によくなつき、小屋のそばに誰か近づくと、あわてて寄ってきてウロウロ走り回ることがよくあります。またネブちゃんにはお気に入りの人がいます。カメラの加藤さん、ネズ先生、フブキ先生が好きなのです。この三人が遠くのほうにいても目ざとく見つけ、ソワソワとし、手を小屋に入れると〝しがみつく〟ほどです。ウサギの立場から見ると、三人の共通点て何かしら？　わかりません……。

食べものはニンジン、タラの芽、カシの葉、ハコベ、タンポポ、ノゲシ、リンゴ、パン、そのほか野菜や野草、なんでも食べます。しかしニンジン、タラの芽や葉はいつでもよく食べますが、そのほかのものは、同じものが続いたり、泥がついていたり、しおれていると食べてくれません。新鮮なものを少しずつ、種類多く食べたいのですね。人間と同じです。ネブちゃんは美食家なんですね。

追記：ネブちゃんは、ほんの子ウサギのころ、わたしの妹が友だちのところからもらってきてくれたのです。灰色の小型のウサギですが、小さいころはわたしの手の中に〝ちょこん〟とのってくれるほど、ちっちゃいウサギでした。飼いはじめのころは、一匹で外で飼うのがかわいそうで、職員室に放し飼いにしていたときもありました。

ひとりでアチコチ床の上を走り回って、柱や額、机の脚、木でつくられたものを〝ガリガリ〟とかじっていましたが、「ネブちゃんがやるならいいよ」と思うほどかわいいウサギで、この子といると寝不足になってしまうくらいで、わたしが〝ネブちゃん〟と名付けたのです。ネブちゃんは夜型の動物なのかもしれません。

薄いほうから打てばいいんだよ

〝厚い板〟と〝薄い板〟をつなげる時のことです。
厚いほうからクギを打ち、苦労している子に（①）、
「うすいほうから打てばいいんだよ」（②）
と教えているIくん。Iくんによると、斜めにつなげる時も（③）〝薄い板〟のほうからクギを打ち込むとよいそうです。これもひとつの〝発見〟です。

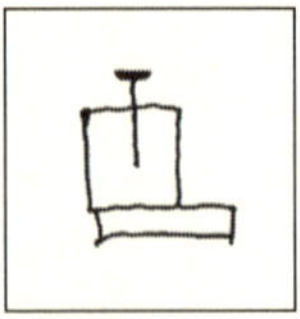

①
厚いほうから
クギを打つ

②
薄いほうから
クギを打つ

③
斜めにつなげる

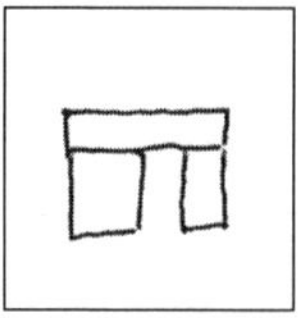

④

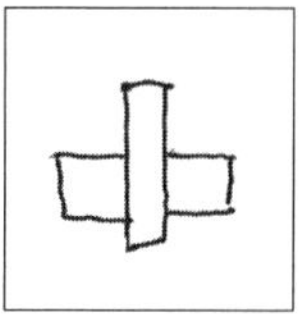

⑤

⑥

年長児になってはじめての「木工の日」――。

ほとんどの男の子たちは、木片を④や⑤のように直角に組み合わせていましたが、女の子たちには⑥のように傾斜にしようとしている姿が目に付きました。この形はクギでとめることが難しく、とまったとしても、すぐにフラフラとしてしまいます。

男の子たちのほうがクギでしっかりととまる〝構造〟を知っていて、女の子たちはそうでもないのか、それとも女の子たちのほうが難しい構造を〝考える力〟があるのか……。この日だけの傾向であったかもしれませんが、考えさせられました。

年中児たちも砂場で「土木工事」のような遊びをくり広げ始めています。木工遊びも砂遊びも、子どもたちがいま「何をしようとしている」のか、「何を喜んでいる」のか、大人からみても〝読み取りやすい〟遊びです。そしてこの遊びもまた、工夫する〝力〟も、遊ぶことへの〝意欲〟も育つ遊びのようです。

オレの話を聞け！

六月初めのことです。年中組のAくんとBくんが追いかけ合ったり、つかみ合ったりしていました。大人からみると楽しそうに〝戦いごっこ〟をしているように見えました。そこへ二人の年中組を従えた年長のYくんが、手に棒を持って現れました。

Yくんは、Bくんよりもからだの大きなAくんに向かって、

「いじめるんじゃないよ」

「泣かすんじゃないよ」

と肩を怒らせてAくんにすごみます。

Aくんは〝戦いごっこ〟の最中にとつぜん現れた少し怖い年長のYくんに対し、しどろもどろになって、

「Bくんが先にやったから……」

などと弁解していました。

しかしYくんは、

「他人のことはいいんだよ！」

「オレの話を聞け！」

「Bを泣かすな！」

と相変わらずすごんでいます。

一方、Aくんの〝戦いごっこ〟の相手であるBくんは、何が起こったのかよく理解できない様子で、

「逃げろ、逃げろ」

とそのへんを歩きまわるだけです。

「これは〝戦いごっこ〟で、本気じゃないんだから、Yくんいいんだよ。Aくんのこと責めないで、ぼくも泣かされたわけじゃないし」

とBくんが言えればすべてが解決したでしょうに……。

Aくんにしてもそうです。

Yくんは、

「オーイB！」

と呼んで事情を聞こうとするのですが、Bくんは相変わらず、

「逃げろ、逃げろ」

の一点張り……。

Aくんは腑《ふ》に落ちぬまま、とっさに、

「Bくんが棒でぶったから」

などと言って自分を守ろうとします。無理もありません。

Yくんは年長として、この〝ケンカ〟を「仲裁する」という出番が欲しくて強がってみたのかもしれません。

Aくんはすごんできたくんがとても恐かったのでしょう。様子を見ていたわたしが近づいて話を聞こうとすると、Yくんと年中組二人の三人に囲まれた緊張が〝ドッ〟と取れたのか、とつぜん泣き出してしまいました。

Yくんの気持ち、Aくんの気持ち、Bくんの気持ちが、発達の上からも〝微妙〟に異なる場合は「とても難しいな」と思いました。

子どもたちはこうしていろいろな場面に出合い、やがてその年齢としての「状況判断」「状況説明」が少しずつできるようになっていくように思います。

益虫

その年の気候や植物により、園庭の虫などの〝生きもの〟が違ってきます。バッタはよく見かけますが、コオロギは少ないようです。テントウ虫やアメリカシロヒトリ、チャドクガ（茶毒蛾）などの〝害虫〟も減りました。草むらや土がないという〝環境の変化〟も大きく影響しているのでしょう。

ナナホシテントウ虫は、アブラ虫を食べる〝益虫*〟ですが、アブラ虫がいないからでしょうか、見かけません。人間が嫌がるアメリカシロヒトリは鳥か何かがエサにすると聞いています。私たちは助かりますが、誰かが困っていることでしょう。

アオスジアゲハが都会でも増えたのは、街路樹にクスノキを植えるようになったからだそうです。アオスジアゲハはクスノキに卵を産みつけるからです。

園庭にアオスジアゲハやキアゲハがよくやって来るのは、竹の子村には大きなクスノキが、園庭にはナツミカンやユズの木が、そしてクローバーの山にはノラニンジンが生えているからかもしれません。

これらの知識はわたしにとって聞き伝えのものですので、もっともっと虫と虫との関係、虫と植物との関係などを詳しく知ると「なるほど！」と思われることが出てくると思います。

子どもたちはオシロイ花で色水をつくったり、黒い種を集めたり、種を割って白い粉を手や顔につけて遊んでいます。この花は夕方に開き、日が差しはじめる朝にはしぼんでしまいます。夕方五時～六時、園庭のオシロイ花は独特の匂いを放ち、黄や白の花も少し混じって赤い花が満開となり、それはそれはみごとです。

＊益虫：有用物質を生産、害虫に対する寄生・捕食、植物の受粉の媒介など間接的に人間生活に利益を与える昆虫などの小動物の総称。カイコ（蚕＝絹糸）・ミツバチ（蜜蜂＝ハチミツ・蜜蝋）・カマキリの類い。

片見月

中秋の名月、「十五夜*」は今年は九月二一日。わが家ではススキを五本飾り、リンゴやお芋などの収穫物を五品または七品を五個ずつお供えし、月を眺めるのが習慣です。

十五夜を過ぎると少しずつ月の出が遅くなり、「立ち待ちの月」（立って待つうちにほどなく出てくる月の意）「臥《ふし》待《ま》ちの月」（出るのが遅いから臥して待つ月の意）「寝待ちの月」（月の出が遅いので寝て待つ月の意）などと言って、昔から人々は月の出を楽しみにしていたようです。

十五夜にくらべ、あまり知られていないのが「十三夜*」でしょうか。一〇月一八日、十五夜に少し欠けた十三夜の月、なかなかいい月です。この夜はススキは三本、お供えするものも三種類三個ずつです。十五夜をしたら十三夜もしなければいけません。片方だけするのは「片見月」と言って、忌み嫌われていたそうです。十五夜の月も十三夜の月も見えるといいですね。

＊十五夜：旧暦八月一五日の夜。秋（旧暦七・八・九月）の最中（もなか）に当たるから「仲秋」といい、また月に芋を供えるので「芋名月」ともいう。古来、観月の好時節とされ、月下に宴を張り、詩歌を詠じ、民間では月見団子・芋・枝豆・栗などを盛り、神酒を供え、芒（ススキ）・秋草の花を盛って月を祭った。またこの夜、月の光で針に糸を通すことができれば裁縫が上達するとか、この夜絞ったヘチマの汁は肌を美しくするなどいろいろな俗信がある。良夜。

名月や杉に更けたる東大寺　（夏目漱石）

＊十三夜：旧暦九月一三日の夜。八月の一五夜の月に対して「後の月」と呼び、また、「芋名月」に対して「豆名月・栗名月」といって、月見の行事を行なう。九一九年（延喜一九）の醍醐天皇の〝月の宴〟に始まるともいわれ、宇多天皇がこの夜の月を「無双」と賞したのによるともいうが、わが国固有のものらしい。このころはもうどことなく寒く、風物もまた「もの寂び」てきて、名月を賞する心持ちとはおのずから違う。

淋し寒し出羽の清水後の月　（河東碧梧桐）

表彰決定！

ネコは満十七歳になると、「日本動物愛護協会」から表彰されるのですが、とうとうその日がやってきました。

カルとマグの〝ふたり〟（？）とも一九八四年六月一五日生まれで、満十七歳。生年月日については、小学校三年生の時に書かれたわが家の息子の作文が見つかってわかりました。

「……足はよちよち、全体ふにゃふにゃ……」

古いものも時には役に立つことがありますね。すでに満十八歳。人間でいえば九十歳くらいでしょう。

「審査した結果、該当する猫ちゃんになりますし、人と動物の共生の模範ということで、話題性もありますので、表彰の日は飼い主の方がぜひいらしてください」とのことで、九月二二日、上野動物園で式が行なわれます。（司会は林家たい平さんでした）

生い立ち、エピソードなどたくさん書いて送りましたし、〝二匹そろって〟ということも稀なことのようです。ネコの「きんさん、ぎんさん」です。

でもこの話題、当人たちには「ネコに小判」で何もわかっていません。それよりも、エサをもらって、気持のよいところで〝ゴロン〟としていられれば、「シ・ア・ワ・セ」のようです。

追記：ここでちょっと今は亡き〝カル〟と〝マグ〟のことについてお話ししましょう。

カル（本名はカルシウム）、マグ（本名はマグネシウム）——。どんな名前にするか、家で考えていたとき、テレビでちょうどお豆腐のことについての番組が流れ、そのなかで、カルシウムとマグネシウムという言葉が聞こえ、娘が「カルシウムとマグネシウムにしよう」といいましたが、でもちょっと長いということで〝カル〟と〝マグ〟になりました。

どういうわけか、母ネコの〝ヤン〟は、マグをなめるようにかわいがっていました。ヤンがいるうちはそれでよかったのですが、ヤンが死んでしまうと、マグはやすらぎの場所を失って、いつも〝ビクビク〟と緊張した性格となり、一方〝カル〟は人間の中にどんどん入っていき、子どもたちをはじめ、人間たちと親しくなったのです。

二人とも〝アジ〟などは食べるのですが、サバとサンマは食べようとしませんでした。油がからだによくないと思ったのでしょうか？　モロヘイヤ、納豆、カボチャが好きで、子どもたちが栽培したキュウリや赤カブを食べてしまったこともありました。赤カブは、とくに立派にできて、よけておいたものを食べてしまったり、キュウリは今が食べごろ、「あした取ろうね」と思ったものを、なっているままガブリとかじってしまったのでした。

カルは絵の具を塗られたり、水をかけられたり……ときにはたき火の中に投げ込まれたこともありました。すぐに助け出しましたが、ビックリしたことでしょう。お弁当の時間に避難訓練をしたことがありましたが、子どもたちがお弁当箱を開けっ放しにして逃げたあと、タマゴ焼きやらウインナソーセージ……を、ゆっくりと食べて歩いたこともありました。

二人とも、冬などは暖かな職員室で寝ているところを、うっかり鍵を閉めて閉じ込められるようになり、最後に園を出る人の点検項目に「鍵、電気、電話の切り替え」に加えて「カル・マグ」も入るようになりました。

たくさんのことが思い出されます。

この二匹を産んだ〝ヤン〟は、寒い冬の朝、とても見捨てておけないひどい状態で捨てられていたのをひろってきたのですが、このヤンが受けた恩を、二匹の子ネコたちが〝恩返し〟として、わたしが経験の浅い園長として四苦八苦していたころ、幼稚園の保育に貢献して助けてくれたように思えてなりません。

晩年、園庭の真ん中に座っていたとき、中学生が、

「おっ、カルがいるぜー、あのときのカルかー」

と、びっくりしたように叫んで園の前を自転車で通り過ぎました。そんなに長く生きたということですね。

ちんちん、もえてる

園には「カメノコダワシ」（亀の子束子）があります。飼育ケースを洗ったり、亀の甲羅《こうら》）を洗ったり、ススけた大鍋をきれいにしたり、金シャベルを洗ったり……。以前、タワシに絵の具をつけて線を描いて遊んだこともありました。

畑の仕事のあと、年長さんは土を落して汚してしまった道路を掃除することが習慣になりましたが、そのとき掃除がエスカレート（？）して、タワシを持ってきて白線磨きが始まります。タワシが不足すると、葉っぱもタワシになってしまいます。柿の葉は子どもの手にちょうど良い大きさです。

子どもたちは、きれいにするのに〝タワシ〟はとても便利なものと思っているようで、園の中では「掃除道具」としてこれが最高とも思っているかもしれません。

あるときウサギの〝ネブちゃん〟が夏毛から冬毛に変わりはじめ、毛がたくさん抜けだしたので、

「ネブちゃんきれいにしてあげなくちゃ」

と、思わずつぶやきました。

しばらくしてウサギ当番の子たちが小屋掃除を終えてから、タワシを手にして小屋の前で困っていました。

「ネブちゃんが穴の中から出てこないんだよ～」

亀の甲羅をこするように、ウサギのからだをタワシで〝ゴシゴシ〟とこすろうと思ったようです。ちょっと使い方が違うかな？

タワシでゴシゴシやったらネブちゃん「*いなばの白ウサギ」になってしまったことでしょう。でも毛の抜け始めたネブちゃんを、なんとかしてあげようとしたのはいいなー。今はすっかり冬毛です。

子どもたちはひとつの〝手段〟を手に入れると、それをいろいろな場面で使い、私たち大人を笑わせてくれることがよくあります。やがて「適切な方法」を覚えていくのでしょう。

以前、故障したカメラを「金づち」で叩いて直そうとしていた子がいて、びっくりしました。そのころ子ども用のカメラがありました。シャッターだけが生き残っているアナログのカメラです。金づちを知ったばかりの子は、金づちは何でもできる最高の道具と思ったのでしょう。

「言葉」もそうです。息子が幼いとき、「煙が出ているのは燃えているからだ」ということを教えられました。すると、煙であっても湯気であっても、〝白っぽい〟ものが上がっていると「もえる」になってしまいました。湯気を立てている湯船は「おふろ、もえてる」になり、タバコを吸っているおじさんは「おじたん、もえてる」、オシッコから湯気が上がっていると「ちんちん、もえてる」……。

＊古事記の伝える日本神話のウサギ。淤岐島（おきのしま）から因幡国に渡るため、ウサギが海の上に並んだ鰐鮫（わに）の背を欺き渡るが、最後に皮を剥ぎとられる。

ロープ交換の儀式

春めいた雨に、庭の土もぬかってはいるのですが、何となく春の粘り気が感じられます。

「グチャグチャの道っていうのはね、歩くと長靴が脱げちゃうような道のこと」……。ある子どものことばです（お母さんからの報告）が、ぬかった道の〝実感〟がこもったいい、いい言葉だと思いました。

まだ冬と思っていたのに、土もサクラ（桜）もケヤキ（欅）も〝春の準備〟をしているようです。

竹の子村のウメ（梅）はいまが見ごろです。

一〇年ほど使った「アオギリ・ロープ」を新しいものと取り替えました。新しいロ

ープになってはじめての朝、たくさんの子どもたちがロープが新しくなっていることに気づき、

「ロープが白くなっている」

と言う子もいたりして、このロープの人気を再確認しました。

一〇月の朝、子どもたちと「アオギリ・ロープ交換の儀式」（というほどのことでもありませんが）をしました。

「みんなが生まれる前からここに下がっていたアオギリ・ロープさん、長いあいだお疲れさま。おかげさまで子どもたちの手や足が強くなりました。そして、新しいロープさんよろしくね」……。

年長組の子どもたちには、

「みんなが大きくなって、中学三年生か高校一年生になるまで、この新しいロープのお世話になるのかな？　そしてアオギリさん、ロープと子どもたちがぶら下がって重かったでしょ。ありがとう、これからもよろしくね」

と伝えました。

古いロープとアオギリには〝ねぎらい〟の意味で、新しいロープにはケガがないよ

うにと願いを込めて、ワインをかけました。辛口でフルーティなワインはとてもいい匂いです。ワインが染み込んでぬれたところに鼻をつけて匂いをかいだり、指を当てて匂いをつけた指をなめている子もいました。将来誰が〝酒飲み〟になるか、なんとなくわかるようなひとこまでした。

このアオギリは、第一回の卒園生の「記念樹」として植えられたものです。そしてロープは、高い所が好きなわたしが、アオギリの枝分かれしたところに登ったら「気持ちいいだろうな」と思ってとりつけたものです。はじめは長いのと短いのと二本つけました。今度の新しいロープは五本目になります。

わたしも一〇数年前までは登っていました。しかしその後、手の力も少し弱くなってきましたし、アオギリの木も大きくなって、一つ目の枝別れのところは高くなってしまったので、もう登れなくなってしまいました。

葉が茂ったとき、あの枝のところに足をかけて座ると本当にいい気持ちで、根元に脱いで置かれたわたしの靴を見つけた子に、

「おっ！　ヨシコが登っているぞ」

などと言われたことを思い出します。

はじめの頃は、ロープを握って飛ぶことよりも、木に登ろうとする子ばかりでした。そしてこちらがハラハラとするくらい高い所に登っていました。やがてプラスチック製のライオンの遊具に乗ってそこを蹴り、少し離れたところにあるやはりプラスチック製の通称ツルツルお山に、えいっとばかりに飛びうつるようになりました。子どもたちはいろいろなものを組み合わせて、「よりおもしろく遊ぶ」ことを考えるものだと思いました。

古いロープ、黒くなっているのは外側だけです。このロープをほどいて糸状にし、三つ編みや四つ編みなどしてみました。このロープには〝アオギリの力〟が移っていると思います。

ロープで遊んだ子どもたち、アオギリに頭をぶつけるくらいで、今のところ大きなケガをしたことがありませんので、子どもたちの「お守り」になるかもしれません。

四歳の時代

「三歳児」は〝自己主張〟がとても強いように思います。「五歳児」になれば、自己主張もしますが、周囲の友だちのことなども見えてきますので、友だちの中での自分の主張や立場について、少し〝客観的〟に考えることもできるようになってきます。幼児として、自分と周囲をバランスよく保てるようになるのでしょう。そこで「協力」ということができるようになります。

しかし、そこに至るまでの「四歳児」の時代から五歳児前半の頃にかけてはとくに、友だち関係が〝華々しく〟展開されているはずです。

たとえば、三歳児の頃は、自分のやりたいことや使いたいもの、座りたい場所があるときなど、友だちを押しのけたり取り合いをしたりすることが中心だったのが、四歳児の頃からは知恵も進んで、ズルをしたり、興味の方向が同じ〝友だち仲間〟ができると、仲間に入れてあげないなどのトラブルがおこったり、クラスのリーダー的存在が現れたりします。

トラブルもおこりますが、その反面、〝友だち関係〟が育ってきていますので、木工遊びのときなど、木片にクギを打ち込むとき、やりにくそうにしている友だちがいると、そっとおさえてあげる姿や、重いものを運んでいる友だちを手伝ったりする姿も見られるようになります。

周囲とのかかわり方を学んでいるわけです。大人の手助けももちろん必要ですが、何かトラブルがあったとき、自分で〝解決〟したり、困っている友だちに対して、自分なりに手を貸したり……。それがその子の〝力〟になっていくのでしょう。

自慢？

園庭のカンヒザクラ（寒緋桜）のつぼみも、サクランボの桜のつぼみも、先がほんの少し薄ピンク色になり、第二運動場のソメイヨシノ（染井吉野）にも何となく赤みが差してきました。砂場のとなりのハクモクレン（白木蓮）のつぼみは鳥が突つきはじめ、心配です。

今年の年長児たちも、本当によく育ってきているように思います。小学校に行ってしまうのが惜しいくらいです。

卒園アルバムのため、担任が子どもたちに幼稚園の「自慢」できることなど考えてもらったところ、「霜柱」、「カル（ネコ）とネブ（ウサギ）が遊んでいること」、カルが「いい子」であること、山形さんがつくった「デッキ」など、いろいろあがったそうです。

「カルやネブがいるということが自慢である」ということであれば、わたしも驚きませんでした。しかし「遊んでいる」ということばの中に、子どもたちの〝感覚の良さ〟を思いました。「ただ飼われている」ように見えるのか、「楽しそうにしている」ように見えるのか、見分けがつくのですね。「この幼稚園という環境のなかで楽しそうに過ごしている」と感じ取ったのでしょう。ウサギやネコの立場から考えれば、そう簡単なことではありませんが……。ほかで飼われている動物、「ちょっとかわいそう」と思う時があります。

「霜柱が立つことが自慢」とはうれしいことです。絵本の中に霜柱で遊んでいるとても美しい絵がありました。このようなところを見ている子どもたちの〝視線〟、大切にしたいものです。

二年、三年の間に〝培われた〟ものがいま発揮されているのでしょう。

保育には家庭の力も大きいと思います。園での子どもたちの様子に、お母さんが関心を持ってくださり、何でも前向きに楽しんでしまう行動力にも、私たちは支えられています。

感覚を学ぶ

幼稚園の工事、職人さんたちの仕事は、できるだけ子どもたちのいる「時間帯」にお願いしています。モノがつくられていく過程を子どもたちに見せたいし、できれば少しでも参加させたいからです。子どもたちの土や砂での遊び、木工遊び、植物との遊びも、建築・土木・造園などのプロの仕事と重なるように思います。

わたしが育ったころは、「畳屋さん」は庭先で仕事をしていました。大きな畳針で肘まで使って、厚い畳を上から、そして下からと縫っていくのを〝ジッ〟と見つめていたものでした。「左官屋さん」は道端で壁土をこねていて、学校帰りなど長いあいだ見ていました。

「大工さん」も今では建材を工場で仕上げて現場に持ち込むため、現場で「カンナ台」に乗せた板を削ったり、口に何本もの釘をくわえて仕事をする姿が見られなくなってしまいました。カンナが板の上を滑る〝シューッシューッ〟という明るく乾いたリズミカルな音とともに、次から次へとでてくる薄い〝カンナ屑《くず》〟に目を見張ったものです。

また建築中の家に入り込み、「どんな間取りになっているのだろうか」と、土台のコンクリートや筋交いなどの間を通って、カンナ屑や木屑が少し落ちている黒々とした土を踏むと、胸が〝ワクワク〟しました。真新しいヒノキ、スギ、ヒバなどはひんやりとしたいい匂いでした。建築中の家にこっそり入りこむのは、たいてい大工さんも仕事を終えて帰ったあとの夕暮れどきでしたので、木の匂いも土の匂いも強く漂っていたのでしょう。

今では昔と工事の仕方が違うのか（安全を考えてのことでしょうから仕方のないことですが）工事現場にはシートや柵がしっかり巡らされていて、作られていく過程が見られないのは残念です。壊していく過程についても同じことが言えます。

園でこのような工事をするとき、工事の種類やその時期にもよりますが、すべてにしっかりロープを張ったり、ラインを引いたり、シートで覆ったりはできるだけしないようにしています。そうすると子どもたちは〝臨場感〟を持って工事が見られますから……。

決して入ってはいけない「境界線」をつくればお互い簡単です。明確な境界線をつくらなければ、子どもたちに「これ以上近づいたら危ない」と伝えたり、子どもの動きにとても神経を使わなければなりません。何よりもまず園と職人さんとの〝信頼関係〟がなければ、できるものではありません。

このような状況のなかで、子どもたちが学ぶものは大きいと思います。少々危険なものに対し、「どのくらいまでなら近寄っても大丈夫か」という距離感、これも「状況を判断する力」のひとつでしょう。危険なものではなくても、子どもたちの生活の場にも、大人の生活の場にも、このような〝感覚を学ぶ場〟はたくさんありそうに思います。

さあ、みんなで掘ろう！

今年の春は雨が多かったことと、気温の高い日があったためか、太ったタケノコがでました。親竹からずーっと地面を横に伸びた根っこから芽を出し、大きくなったのが「竹の子」です。ですからタケノコは〝竹の赤ちゃん〟でしょう。

タケノコを少し掘ると、タケノコはその根っこにしっかりとくっついて、親竹が地面の下で手を伸ばし、赤ちゃんを取られないように、強く抱いているようにも見えます。

子どもたちにこのことを話し、

「さあ、みんなで掘ろう！　タケノコはおいしい」

と言うと、

「ちょっとかわいそう、お母さんと離すんでしょ」

と子どもたち……。矛盾を感じますが、この問題は掘り上げる〝おもしろさ〟にいつの間にかかき消されてしまいます（世の中は矛盾だらけですね）。

年長児たちは一二時ころまで、根の赤い〝ポツポツ〟が見えるまで、本当に根気づよく掘っていました。

園内散歩（扉地図参照）

正門を入って右手の大きな山

三月に、間もなく卒園する年長児といっしょに芝、クローバーなどの種まきをしました。とても小さなクローバーの葉が青々としてきました。ところどころムラがあるのは、種まきをした日、風が強かったため、種が飛ばされたのでしょう。山の下には土が流れないよう丸太を置いてあります。

早ければ六月には草の山の上を歩くことができるかもしれません。そのときは草にやさしく、足の裏の感触のため、「素足」で歩くことを考えています。一番はじめに草の上を歩くのは一緒に山づくり、種まきを手伝ってくれた一年生がいいでしょう。

土壁の神様

『どんぐり組』の前の二本の土壁のポール。手でそっと触れてみましょう。昔ながらのつくりの本物の土壁でできています。園の中の「神様」ということになっています。

「カゼが早く治りますように」

「忘れ物をしませんように」

などと、子どもたちがときどき手を合わせている姿を見かけます。この神様、五年前の雪の降った日、とつぜんに現れました。土壁作家の久住さんの作で、建築を目指す青年たちが作家からいただいてきたものです。

枝のオブジェ

東側、『どんぐり組』のコンクリートのテラスに、大小いろいろな形をした木の枝が並べられています。三月に切った第二運動場のアオギリ（青桐）の枝です。三つに分かれた枝の先がおもしろいので、オブジェ風に置いてみました。

「モノは三点でうまく立つ」ということを知るにはとてもいい機会だと思いました
し、オブジェを倒さずにうまく通り抜ける遊びもなかなかおもしろいものです。
ときどき〝カル〟がひとつも倒さずにのっそり通り抜けています。

あとがき

六月も末のこと、竹の子村で六〜七人の年中の子が、タライに水を入れて運んでいました。〝ピチャピチャ〟と中の水がはねるのは、大勢でタライを持っているため、友だちとの呼吸が合わないこともあるのでしょう。

竹の子村の奥から南に向かって運ぶと、そこは〝登り坂〟になり、竹の根っこも出ているので、下を見ないで根をよけるのも大変そうでした。それよりも、あの登り傾斜の道では、どうしてもタライの水は容器の中の低いほうへ寄ってしまい、後ろのほうを持っている子に〝ピチャピチャ〟とかかってしまうのです。子どもたちは「どうしてこうなるのだろう?」と思っているようでしたが、口には出さず、みな「へんだな〜」と思っているような表情をしていました。

やがて、その中のひとりが、「坂だからだよ」とひと言。「坂だとどうしてこうなるのか?」という説明がなくても、このひと言でみな納得したようでした。

「そうか〜、坂だからこうなるんだー！」……。

傾斜になっているから、低いところで支えている人が少し上のほうに持ち上げれば「タライの中の水が水平になる」ということには、まだ気づかないようです。相変わらずタライの水を〝ピチャピチャ〟させながら運んでいきました。

まだ四歳児ですから、「坂だから、水がこうゆうふうになるんだよ」と気づけばそれでいいと思います。やがていつか、毎日くり返される経験の中で、後ろの人は少し高く持ち上げるなど、坂道でもタライの中の水をこぼさない方法を見つけていくようになると思います。

園の中がすべて〝平ら〟であったら、このようなことは起こりません。そして、こんなこと考えることもないでしょう。

二〇〇四年に書いた『幼児期を考える』（相川書房）の中の「傾斜」についてのページは、坂という傾斜のある場所についてで、モノが転がること、自分が登ること、降りることについての記述が中心でした。坂道で起こるこのような現象については考えていませんでした。坂であること、傾斜であることで起こる新しい発見を、子どもたちが教えてくれました。

「坂道だとタライの水は低いほうがあふれて〝ピチャピチャ〟する」というような小さな出来事のなかで気づいたことが、子どもたちの中に潜み、忘れてしまっているようであっても、再び同じような場面に出会ったとき、「こうすればいいかな?」というかたちで再び出てくるのではないかと思います。

それは大人に教えられたものではなく、子どもが自分で気づいたことに意味があるのです。

子どもたちが何かに気づいて、考える力、すなわち思考の芽は、小さな気づきからはじまるのではないかと思います。たとえば、砂に水をかけると水はしみこんで消えていってしまうこと、水道の蛇口を開いたままにしておくと川筋となってずっと遠くまで流れていくこと、このようなことは子どもたちの日常の中にたくさんあり、幼い子にとってはその連続ではないかとさえ思います。

そして、この小さな出来事は、自分がやったからこうなったのだと確認することを通して、自分の存在を確認することへとやがてはつながるのではないでしょうか。

はじめて出会う現象を確認し、「どうしてだろう?」と、自分の力で考えていくことのできる力を持っているはずのこの幼児たちの一年間というものは、それ以降の一

○年間分に値するかもしれないし、それ以上かもしれないとわたしには思われます。
子どもたちが、いろいろなことができ、その中で気づいたことを確認できる環境、そして、それを理解してあげることのできる人の存在があったら「どんなにいいか」とわたしは思います。

世の中が平和であることを願い八月一五日、夏草の園庭にて

井口佳子

本書は『中瀬だより』八三号（一九九三年五月一日）～一六九号（二〇〇三年四月二八日）を底本とし、改変・加筆した。また、本文中の肩書き等は当時のままとした。

■ 著者略歴

井口 佳子（いぐち・よしこ）

中瀬幼稚園園長。東京生まれ。1968年、実践女子大学卒業。1978年、中瀬幼稚園園長就任。国立音楽大学非常勤講師、実践女子大学非常勤講師を経て、現在大妻女子大学非常勤講師を勤める。
主な著書：『幼児期を考える──ある園の生活より』（相川書房、2004年）、『幼児の描画表現──子どもの絵は子どものことば』（相川書房、2014年）、『0歳からの表現・造形』（共著、文化書房博文社、1991年）、『保育内容・表現』（共著、光生館、2009年）、その他執筆多数。

■ 中瀬幼稚園の映画

『風のなかで──むしのいのち くさのいのち もののいのち』（グループ現代、2009年）
『屋敷林の手入れと子どもたち』（グループ現代、2012年）
『子どもは風をえがく』（オフィスハル、2015年）

■ 中瀬幼稚園

〒167-0022　東京都杉並区下井草4-20-3

保育随想 **2**

幼稚園《ようちえん》はボクらの仕事場《しごとば》

2016年8月31日　初版第1刷発行

著　者　井口 佳子
発行者　佐々木久夫
発行所　株式会社 人間と歴史社
東京都千代田区神田小川町 2-6　〒101-0052
電話　03-5282-7181（代）/ FAX　03-5282-7180
http://www.ningen-rekishi.co.jp
装　丁　人間と歴史社制作室
印刷所　株式会社 シナノ

ISBN 978-4-89007-204-0　C0037

人間と歴史社　好評既刊

1 思想の覚醒
思想の面影を追って

2 思想の展開
仮説の力を発条に

3 思想の挑戦
新たな地平を拓く

【松本健一思想伝】

思想とは人間の生きるかたちである

思想は生き方の問題である。ひとは思想によって生きてゆくのではなく、生き方そのものが思想なのである。生き方そのものに思想をみずして、どうしてひとの沈黙のなかに言葉をみることができようか。

● 各巻 320 頁　● 定価各巻 1,900 円＋税

松岡正剛氏（編集工学研究所長）「松本健一氏が書いた本は、長らくぼくが信用して近現代史を読むときに座右にしてきたものである。とくに北一輝については絶対の信頼をおいて読んできた。（中略）あいかわらず松本を読むとぼくは得心する。この人は歴史の面影が書けるのだ。」

『週間エコノミスト』「北一輝研究の第一人者で思想家、評論家、作家、歴史家とさまざまな顔を持つ著者の膨大な作品の「まえがき」「あとがき」を集めた3冊本『松本健一思想伝』の第1巻。年代順に並べられ、1971 年からの著者の思想的変遷が一目瞭然。3 冊を通読すると、近現代史を見る著者の目が一貫して歴史の底に潜む思想の葛藤、ひいては一人一人の人間の思想的苦闘に向いていることが再確認できる。この巻では「私の同時代史」の長文が今も輝きを放ち、秀逸だ。」（2013・7・30 号）

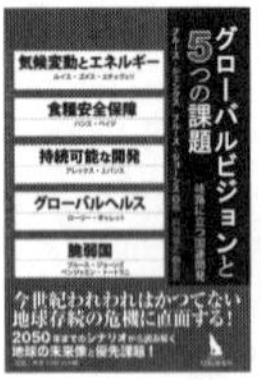

グローバルビジョンと５つの課題

──岐路に立つ国連開発

今世紀われわれは、かつてない地球存続の危機に直面する。2050 年までのシナリオから地球の未来像と優先課題を読み解く。

1　**気候変動とエネルギー**　ルイス・ゴメス・エチェヴェリ
2　**食糧安全保障**　ハンス・ペイジ
3　**持続可能な開発**　アレックス・エバンス
4　**グローバルヘルス**　ローリー・ギャレット
5　**脆弱国**　ブルース・ジョーンズ、ベンジャミン・トートラニ

ブルース・ジェンクス　ブルース・ジョーンズ◆編　丹羽敏之◆監訳
A5 判 並製　288 頁　定価 2,700 円+税

ハンセン病と教育

──負の歴史を人権教育にどういかすか

聞き取り調査に基づく元患者らの貴重な証言をもとに、取り残されてきたハンセン病と教育の歴史をここに集成!　ハンセン病隔離政策に加担していった教師と教育界の歴史的な過ちを検証・総括し、過去の事実を現在の教育につなげる試みを例示。ハンセン病を生きた人々を通して、子どもたちに“いのち”と“人権”の尊さと大切さをどう伝え、どう育むかを共に考える。佐久間健◆著　296 頁　定価：2,500 円+税

あなたたちは「希望」である

─ダウン症と生きる

「ダウン症告知後の苦しむ心を助けたい」と、ダウン症発達相談を20年余り続けてきた著者。13人のお母さんたちの繊細で力強い証言のほか、障害の有無にかかわらず、子どもの心を育てるために重要な、乳児期の意味について具体的に紹介!

黒柳徹子氏　この本と出逢えたことを本当に感謝しています。丹羽先生、ご家族、そして周りの人々のチームワークに感動しました。ハンディをもつ子どものお母さんや子育てに悩んでいるお母さんだけでなく、若い方に、ぜひ、この本を読んで、生きることの素晴らしさを知っていただきたいです。丹羽淑子◆著　443 頁　2,000 円+税